中国煤炭消费总量优化分配研究

罗 宏　张保留　张型芳　吕连宏　著

中国环境出版集团·北京

图书在版编目（CIP）数据

中国煤炭消费总量优化分配研究/罗宏等著．—北京：
中国环境出版集团，2018.12
ISBN 978-7-5111-3805-7

Ⅰ．①中…　Ⅱ．①罗…　Ⅲ．①煤炭—能源消费—
消费政策—研究—中国　Ⅳ．①F426.21

中国版本图书馆 CIP 数据核字（2018）第 202478 号

出 版 人　武德凯
责任编辑　黄　颖
责任校对　任　丽
封面设计　宋　瑞

出版发行　中国环境出版集团
（100062　北京市东城区广渠门内大街 16 号）
网　　址：http：//www.cesp.com.cn
电子邮箱：bjgl@cesp.com.cn
联系电话：010-67112765（编辑管理部）
010-67112417（第六分社）
发行热线：010-67125803，010-67113405（传真）
印　　刷　北京建宏印刷有限公司
经　　销　各地新华书店
版　　次　2018 年 12 月第 1 版
印　　次　2018 年 12 月第 1 次印刷
开　　本　787×1092　1/16
印　　张　8.25
字　　数　150 千字
定　　价　32.00 元

前　言

煤炭作为我国的主要能源品种之一，为人类生产生活提供了源源不断的动力，是发展国民经济和保障人民生活的重要物质基础。然而，大量煤炭消费引发的资源环境问题也日益严重，尤其当前由煤炭消费所造成的大气污染问题，成为我国面临的较为棘手的制约发展的难题，能源消费管理与环境问题的矛盾逐渐凸显。国际层面的碳减排约束和区域层面的大气污染约束日益趋紧。对此，国家提出了煤炭消费总量控制政策，希望通过减少煤炭消费，缓解、进而解决能源发展及大气污染问题。该政策落地的关键在于煤炭消费的省域量化分配，然而目前国家的煤炭消费总量控制地区分解方案仍在探讨之中，未给出明确的分区控煤目标方法或方案。在学术研究层面，已有的煤炭消费量化分配研究，多基于面积平均法、空气质量约束法、煤耗预测法等单一视角，难以适应环境经济协调发展的要求。因而，探索大气污染与煤炭消费之间的相互关系，在改善大气环境的前提下优化煤炭消费的布局，对于促进能源、环境、经济的协调发展具有重要意义。探索全国煤炭消费总量分配研究方法，将是能源领域迫切需要研究的课题之一。

本书正是在新时代经济不断全球化、能源的战略属性凸显且政治色彩渐浓，以及大气污染防治形势加剧、气候改善压力增大的背景下，尝试结合大气污染状况、气候变化形势及社会经济发展等因素，以资源环境经济学相关理论为指导，基于大气污染约束、空气质量改善、碳减排、经济增长等多重约束条件，取得了创新性研究成果，提出了我国煤炭消费的总量控制目标及省域煤炭消费优化分配技术与对应方案。

本书一共分为以下 8 个章节:

第 1 章主要介绍本书选题背景及研究内容，结合国内外研究评述，总结相关研究现状，提出本书的研究方法及技术路线，并介绍了与研究相关的资源环境价值论、外部性理论、可持续发展论等经典资源环境经济学理论及环境库兹涅茨曲线、环境学习曲线等相关方法论，阐述了理论对于本研究的重要指导意义。

第 2 章为研究综述，主要对国内外关于总量控制、大气污染物排放预测、煤炭消费量化分配、煤炭消费与大气环境关系、经济增长与煤炭消费关系及煤炭消费政策等相关研究进行了梳理，从而找出当前我国在煤炭消费量化分配研究上的缺陷及急需深化研究的切入点。

第 3 章对我国大气污染物排放情况、大气环境质量达标情况及碳排放状况做了描述分析，包括历年全国及各省（市、自治区）的大气污染物排放总量、排放强度、区域和行业分布及全国大气环境质量状况，碳排放状况等，并对近年来的大气环境政策进行了梳理，明晰大气污染防治目标及碳减排目标等。

第 4 章对我国煤炭赋存状况及历年来我国的煤炭生产消费状况进行了研究，分析煤炭产消变化趋势、能源消费结构，体现煤炭在能源消费中的地位；分析煤炭消费强度、煤炭消费的区域及不同行业煤炭消费结构特征，指出煤炭消费仍存在的问题；对我国目前的煤炭消费政策趋势进行了梳理说明，指出政策上需要重视区域煤炭消费控制、煤炭消费结构调整等方面。

第 5 章为煤炭消费总量研究，分别以大气污染物排放、碳排放为约束条件，结合经济发展，分别建立全国大气污染物排放、碳排放与煤炭消费之间的量化关系，综合两种约束条件下的煤炭消费目标，结合国家出台的煤控政策，确定我国 2020 年、2030 年煤炭消费总量。

第 6 章为煤炭消费布局研究，采用了自下而上及自上而下相结合的思路。在大气污染约束下，建立各省（市、自治区）大气污染物排放与煤炭消费之间的量化关系，综合多种方法对各省（市、自治区）大气污染物控制目标及经济发展目标进行了设定，得到大气污染物约束前提下的各省（市、自治区）煤炭消费控制目标，实现自下而上的煤炭消费分配；在能源-环境-经济（3E）原则下，考虑多因素约束，初次分配采用人均、地均原则及混合加权方法；二次分配结合环境空气质量约束及经济发展约束条件对初次分配进行优化调整，实现自上而下的煤炭消费总量分配。最终将两种思路下的分配结果进行比较分析，得到最终的优化分配调整。

第 7 章为政策建议，结合全国煤炭消费控制目标及各省（市、自治区）煤炭消费分配方法及方案，从大气环境约束性分析、区域煤炭消费总量控制、煤炭清洁高效利用、财税政策及绿色金融政策等层面提出一系列煤炭消费布局优化对策，以期为我国的大气污染防治及煤炭的合理消费提供借鉴。

第 8 章总结了本研究的内容思路及结论，分析研究中可能出现的误差和不足，并对未来进一步的深入研究进行展望。

目　录

第1章 绪 论

1.1 研究背景和意义

1.1.1 研究背景

能源的安全稳定供应是关系到一国经济发展和社会稳定的重大基础资源，是人类社会进步的源泉和动力。作为发展中国家的我国，以煤为主的能源结构决定了煤炭的重要地位，煤炭消费满足了人类生产生活的需求，促进了经济增长，为国家发展做出重要贡献。然而，随着经济发展对环境造成的破坏加剧，使得煤炭消费这一问题愈加凸显。从国际来看，全球变暖和气候谈判广受关注，碳减排压力增大；从国内来看，资源环境约束趋紧，大气污染治理特别是雾霾防治的压力增大；从长远发展来看，绿色经济与可持续发展成为大势所趋，结构调整和能源消费改革日渐紧迫。

（1）全球变暖加速，碳减排压力加剧

世界 CO_2 排放量攀升，全球变暖加剧。全球 CO_2 排放总量从 1990 年的 222 亿 t 增至 2011 年的 346.5 亿 t[①]，年增速 2.1%。中国 CO_2 排放总量于 2010 年达到 90 亿 t，占世界总量的 1/4。IPCC 于 2014 年发布《第五次评估报告》（AR5），确认了人类活动是引起全球变暖的主因，并提出要实现在 21 世纪末 2℃升温的目标，须进行能源改革，并及早实施减排路径。

我国积极应对全球变暖，做出减排承诺。2014 年 11 月发布《中美气候变化联合声明》，我国承诺 2030 年前达到 CO_2 排放峰值。2015 年 6 月 30 日，我国向联合国提交 2020 年后气候行动方案，在《强化应对气候变化行动——中国国家自主贡献》（INDC）中重申 2030 年达峰，承诺单位 GDP CO_2 排放到 2020 年比 2005 年下降 40%～45%，到 2030 年比 2005 年下降 60%～65%。2015 年 12 月 12 日，巴黎大会达成历史性减排协议。我国要树立良好大国形象，积极参与全球治理，获得应有的话语权，碳减排和煤炭消费控制势在必行。

---

① 数据来源：世界银行数据库，美国田纳西州橡树岭国家实验室二氧化碳信息分析中心。

（2）大气污染严重，雾霾治理加急

虽然国家对大气污染采取了一系列治理措施，但目前我国的环境空气质量状况仍不理想，在传统煤烟型污染尚未彻底解决的情况下，能源消费结构不合理（以煤炭消费为主为显著特征）加剧了污染状况，由煤炭消费空间分布不均衡所引发的区域复合型大气环境问题较为突出，雾霾天气频发，严重损害人体健康。

近些年，全国 SO_2、NO_x 排放总量均有所下降，但大气污染形势依然严峻，空气质量达标任重道远。2015 年，全国 338 个地级以上城市按空气质量新标准监测结果显示，仅有 73 个城市环境空气质量达标，城市环境空气质量超标率高达 78.4%。超标天数中以细颗粒物（$PM_{2.5}$）为首要污染物的居多，占超标天数的 66.8%；其次是臭氧（O_3）和可吸入颗粒物（PM_{10}），分别占 16.9%和 15%。$PM_{2.5}$ 年均浓度为 11～125 μg/m³，平均为 50 μg/m³（超过国家二级标准 0.43 倍）；日均值超标天数占监测天数的比例为 17.5%；达标城市比例为 22.5%。

2016 年，338 个监测城市中，空气质量达标的城市仅占 24.9%，有 75.1%的城市未达标。细颗粒物（$PM_{2.5}$）未达标地级及以上城市年平均浓度为 52 μg/m³，比上年下降 8.8%。随着雾霾攻坚战的打响，环境空气质量总体向好，但区域性大气污染仍呈现复杂性。向雾霾宣战的背后，难掩雾霾治理的紧迫性和艰巨性，控制燃煤和煤炭消费被提上日程。

（3）经济发展迈入新常态，能源改革趋势明显

过去 30 多年，我国经济实现了 GDP 的快速增长；能源作为重要动力支撑，能源消耗与经济增长几乎是同步攀升。据国家统计局公布数据，我国能源消费总量从 2005 年的 26.1 亿 t 标准煤增长到 2014 年的 42.6 亿 t 标准煤，平均年增长 5.58%；煤炭消费总量从 2005 年的 16.7 亿 t 标准煤增长到 2013 年的 24.75 亿 t 标准煤，平均年增长 5.03%。我国作为全球煤炭消费第一大国，在能源消费结构中，煤炭占比目前约为 65%，远远高于一些发达国家（英国能源消费中煤炭比重为 20%，德国 25%，美国 18%，日本 27%）。煤炭资源不可再生，当前技术难以完全实现高效清洁利用，合理控制煤炭消费量成为能源改革的关键。

当前，我国经济发展阶段进入“新常态”转型期，经济特点是速度下台阶、效益上台阶。在稳增长、调结构的思路下，增长动力实现转换，动力结构中的资源粗放投入要明显下降。根据经济发展阶段理论，参考传统经济阶段、工业化初级阶段、全面工业化阶段、后工业化阶段的 4 阶段论，我国未来必将进入后工业化阶段，高能耗的经济增长方式难以为继，能源改革势在必行。国务院印发《能源发展战略行动计划（2014—2020 年）》，提出坚持“节约、清洁、安全”的战略方针，加快构建清洁、高效、安全、可持续的现代能源体系。

（4）煤控政策已提出，量化分配待明确

2010 年 5 月，《关于推进大气污染联防联控工作改善区域空气质量指导意见》提出要“开展区域煤炭消费总量控制试点工作”，首次从国家层面提出煤炭消费总量控制政策要求。2014 年 6 月，《能源发展战略行动计划（2014—2020 年）》明确提出：“到 2020 年，一次能源消费总量控制在 48 亿 t 标准煤左右，煤炭消费总量控制在 42 亿 t 左右”“煤炭消费比重控制在 62%以内”，首次明确给出了煤炭消费总量控制目标。

政府决策层对煤炭消费问题比较重视，国家发改委、国家能源局、原环保部相继出台相关文件，如《大气污染防治行动计划》《能源行业加强大气污染防治工作方案》《煤电节能减排升级与改造行动计划（2014—2020 年）》《国家应对气候变化规划（2014—2020 年）》《能源发展战略行动计划（2014—2020 年）》等文件，都在政策层面对煤炭消费总量控制问题提出了相关要求。

煤炭消费总量控制势在必行，关键在于煤炭消费的量化分配。我国对煤炭消费的总量控制政策取得一定成效，但以大气污染防治目标为量化约束条件控制煤炭消费总量的措施却是空缺，明确的区域煤炭消费目标还未制定，关于区域的煤炭消费布局研究也很少，而区域的煤炭消费总量控制却是实现国家煤炭消费总量控制的有效途径。因此，探索大气污染约束下各省（市、自治区）煤炭消费控制目标，进一步实现大气污染约束下各省（市、自治区）煤炭消费布局的优化，把煤控目标分解到各个省（市、自治区），明确量化分配方案，迫切需要开展研究工作。

煤炭消费的合理分配，需兼顾社会经济发展与生态环境保持，同时考虑社会公平等因素。而目前的综合优化，多基于单因素（经济增长、污染物减排）情景分析，考虑综合因素的研究较少。

综上所述，在国际低碳约束、国内环保压力和能源发展战略的大背景下，我国提出了煤炭消费总量控制政策（简称煤控政策），煤控政策落地的关键则直逼省域目标量化分配。

1.1.2　研究意义

煤炭作为我国占比最高的能源消费品种，为我国的工业化和城市化发展提供了重要的原动力。与此同时，巨大的煤炭消费所产生的大气污染问题，也给人类生产生活带来了严重影响，日益成为社会各界关注的焦点。控制煤炭消费总量，优化分配煤炭消费布局，助力改善环境空气质量，成为当下我国亟待解决的重要课题，也是建设生态文明和探索资源节约型、环境友好型发展路径的迫切需求。

本研究所采用的方法及预期研究成果兼具理论意义和实践意义，既能丰富深化环境经济和能源经济的学科理论研究，又可实际应用于当前的能源资源管理和绿色经济发展，具有一定的政策指导意义。主要体现在以下几方面。

①延伸能源消费与环境空气质量的关系研究。研究在分析我国环境空气质量状况和煤炭消费特征的基础上，充分利用已有研究中环境空气质量数值模拟、污染物减排量和能源消费量之间的联动对应关系，建立了煤炭消费与环境空气质量之间的对应关系，进一步提升能源消费与环境之间关联关系的研究深度。

②深化能源消费与经济发展的关系研究。在不同的经济发展阶段，随着经济总量的增长和经济结构的调整，能源消费的总量和结构也会发生变化和调整，煤炭的消费量及其在我国能源消费中所占的比重，也将逐步优化调整。本研究通过研究相关联动对应关系，对于在经济发展约束下的能源管理提出合理的发展规划，进一步深化各省能源消费与经济发展的关系研究。

③促进解决当前煤炭消费的省域量化分配问题。“从源头控制”是大气污染防治的根本手段，因此对煤炭消费总量控制的研究必不可少，而对煤炭消费在区域和省域层面优化分配问题的研究，更是重中之重。从环境管理和我国政策管理体制的角度看，政绩考核和宏观经济调控管理目标至少要分解到省一级，因此区域优化分配需落实到省域量化分配。本研究对于以改善空气质量为前提的煤炭消费总量控制措施及煤炭消费地区分解方案的制定，可提供一定的借鉴。

④推动绿色经济的发展，促进能源与环境、经济的协调发展。研究将能源与大气环境、经济发展联系起来，对煤炭进行优化配置的同时，提出主要大气污染物的全国排放总量控制目标及各省（市、自治区）的大气污染减排目标，可为国家未来的大气污染防治提供污染物减排建议，从而促进大气环境质量的提升；而基于不同情景设置的区域大气污染物控制目标，可为区域大气污染物的减排提供可能的分配方法上的建议，改善各省的大气环境质量，同时兼顾各省经济稳步发展，考虑了能源-环境-经济（3E）系统的稳定性和可持续发展，对于实现各省乃至全国的能源与环境经济的协调发展均具有重要意义。

1.2 研究内容与创新点

1.2.1 研究内容

本书基于资源环境经济学相关理论，从能源-环境-经济三维体系（3E）的视角考察煤炭消费的总量分配优化问题，主要研究内容有以下几项。

①基本情况梳理分析。分析中国历年煤炭赋存状况、煤炭生产消费特征及大气污染物排放情况及大气环境质量状况，对大气污染防治政策、煤炭消费政策进行梳理，找出煤炭消费存在的问题。

②煤炭消费总量控制目标。主要基于碳减排约束和大气污染物约束两种情况进行预测

分析。一方面，研究碳排放约束下的按照碳排放强度承诺目标，参考其他权威预测和政策规划目标值，确定煤炭消费总量目标；另一方面，建立全国大气污染物排放与煤炭消费之间的量化关系，结合2020年、2030年的大气污染物控制目标设定及实际GDP预测结果，得到全国煤炭消费总量目标。对比两种煤炭消费总量预测结果，结合国家政策趋势，确定煤炭消费最终目标。

③大气环境约束与煤炭消费的关系。一方面，建立各省大气污染物与煤炭消费之间的关系，在设定各省大气污染物减排目标的前提下，得出各省煤炭消费目标；另一方面，研究空气质量改善目标下的省域煤炭消费量及其区域分配比例。在省域层面，从环境空气质量改善目标出发，对应到区域大气污染物减排量，再对应到煤炭消费削减量，最终得出大气质量约束与煤炭消费量之间的对应关系。

④经济约束与煤炭消费分配的关系，得出经济增长目标下的省域煤炭消费量及其区域分配比例。在省域层面，分东、中、西部3大地带，从各省经济增长目标出发，得出经济增长约束与煤炭消费量之间的对应关系。

⑤省域煤炭消费的初次分配。按照地均原则（建成区面积占比）、人均原则（常住人口占比）、混合指标原则（加权平均），确定煤炭消费的省域分配量。

⑥研究环境与经济双约束下的煤炭消费的优化协调。对各种约束下的分配比例进行优化和加权平均，配合不同情景分析，得出省域煤炭消费优化分配的相关结果。

⑦研究煤炭消费总量控制的相关政策建议。针对性地提出煤炭消费相关的能源管理政策及配套的环境经济政策，如财税政策、金融政策等。

1.2.2 研究创新点

①研究视角较为新颖。很多煤炭消费预测仅考虑了单方面的约束条件，如经济增长约束或碳排放约束，没有综合各种重要约束条件，难以服务于能源政策管理，不符合绿色经济和生态文明建设的现实需求。本研究综合考虑各种社会经济发展因素、政策规划引导因素以及区域环境质量改善需求因素，从能源-环境-经济三维体系的角度进行研究，优化分配省域煤炭消费量。基于环境经济的视角综合整合，研究视角方面有所创新。

②量化关系方法新颖。直接建立大气污染物和煤炭消费量之间的关系，在控制某几个变量的同时，实现对应量的求解，看似简单，但依据充足，方法科学且新颖，从数量上直接体现大气污染约束下煤炭消费的控制目标，所得结果可信度较强。

③分配方法有所创新。优化分配方法和原则借鉴了碳配额分配、总量分配中常见的思路和方法，并结合了我国区域煤炭消费的实际发展状况。优化分配方法较为直观科学，分配结果合理可信。在一定程度上减轻了西藏等地区能源消费数据缺失等问题的影响，分配方案可为政策管理者提供参考。分配方法可信，分配方案可行，便于政策管理。

④地均原则的应用有新亮点。在总量分配中，地均原则的应用并不少见，已有研究直接按区域面积分配煤炭消费量。但不同区域的环境承载力、大气容量均有差异，不同区域的差异性不容忽视。本书在应用地均原则时，按照建成区面积的占比分配煤炭消费的占比，与功能区规划和分区管理的思想暗合。

⑤情景分析有一定特色。本书 3 大情景的设定与煤炭消费总量控制的 3 大约束条件相联系。情景预测不是简单分高、中、低 3 种情况，而是分别侧重 3 大约束条件的 3 种综合情景。每种情景下的全国总量与各省（市、自治区）分配量的预测值和变化趋势，均有较强的现实指导意义和政策导向意义。

1.3 研究方法与技术路线

1.3.1 研究方法

（1）文献研究法

文献研究法主要指搜集、鉴别、整理并研究文献，从而形成对事实的科学认识的方法。查阅相关论文、书籍、研究报告及政策资讯，梳理国内外在总量控制及配额优化分配方面的研究成果，总结国内外煤炭消费总量控制的相关研究经验，整理国内有关煤控省域目标确定和能源消费总量分配方法的研究进展，分析将煤炭消费与环境质量约束和经济发展约束相结合的研究状况。

（2）情景分析法

情景分析法是指对现状和未来发展的情景设定，可以用来考察各因素的影响。它对一些事实、假设和趋势作深入分析之后，设定合理的条件，形成不同的方案，这些方案就是我们需要的“情景”。它是在推测和合理假设的基础上，对各项重要变量进行设定并对每组变量进行赋值，组合形成不同的综合场景，对可能的未来情景进行预测分析。本研究在设定各省（市、自治区）的环境空气质量改善目标和经济增长目标时，实行对应多目标划分下的差别化分析。

（3）计量经济方法

计量经济方法从数理统计中分离出来作为应用经济学中一种常用的方法，常见于经验分析（实证分析），多利用数据来检验某种理论或估计某种关系。它将相互联系的各种经济变量表现为描述各种关系的数理方程（回归方程），利用回顾数据（观测数据，而非实验数据）对回归方程的系数进行参数估计，从而预测经济变量的未来走势。计量经济模型是表示经济现象及其主要影响因素之间关系的数理方程式，主要有变量、参数及随机误差 3 大要素。对于大部分相关关系或函数关系，建立适当的计量经济模型，可探寻变量间的联动关系及其相互影响程度。本研究将利用计量经济模型对煤炭消费、污染物排放、经济发展等相关变量建立对应关系，并据此预测变量的未来数值。

（4）优化决策方法

多目标综合决策（如层次分析法），是将与决策有关的元素分解成不同的层次，并在此基础上进行定量或定性分析的决策方法。可采用层次分析法用于确定区域煤炭消费分配指标体系中的指标权重，通过权重对总量进行分配。从能源、环境和经济系统整体效益出发，设计一种定性与定量相结合的多指标决策的煤炭消费总量分配层次结构模型，通过专家咨询、层次分析计算并确定各项评价指标的权重，并依据各分区现状来确定煤炭消费总量分配方案。

（5）混合加权模型法

混合加权模型法是一种对多因子进行加权计算的混合模型，考虑到研究目标的主要影响因子，运用混合权重得到各污染区内污染物排放指标，从而减轻单因子分配方法的不公平性。本研究利用此方法，以重点区域大气污染防治“十二五”规划中的各区域内污染物浓度规划作为标准排放浓度，尤其是 SO_2 和 NO_x 的标准排放浓度作为建模因子，从而对重点区域内各分区模块及其他地区单独形成的独立区域进行污染物指标分配。

（6）差别化的削减法

此方法是基于等比例削减法对各省（市、自治区）污染物减排所做的差别化处理。考虑到各污染源对污染物的贡献不同，且各区域经济发展需求不尽相同，如果要求所有地区都按相同的规划比例进行同等减排，会有失公平性。因此，本书对等比例削减法进行了一定改进，即假定各省（市、自治区）按各自“十二五”规划期内的比例随时间推延进行等比例削减，既保证减排力度，也可体现各省（市、自治区）污染物减排需求的差异性，在最大限度上综合各种因素为各省（市、自治区）设定减排目标，并且此方法操作起来比较方便，可将复杂的问题简单化，并能分散不同减排指标可能给地区经济发展带来的风险。

1.3.2 技术路线

本书的主线是煤炭消费的省域优化分配。首先确定煤炭消费相关的总量目标及 3 大约束，其次对煤炭消费总量目标进行初次分配，再次基于环境约束和经济约束对分配比例进行调整，并从目标协调优化的角度对省域煤炭消费进行布局优化，最后提出相关政策建议保证省域煤控的落实。技术路线如图 1-1 所示。

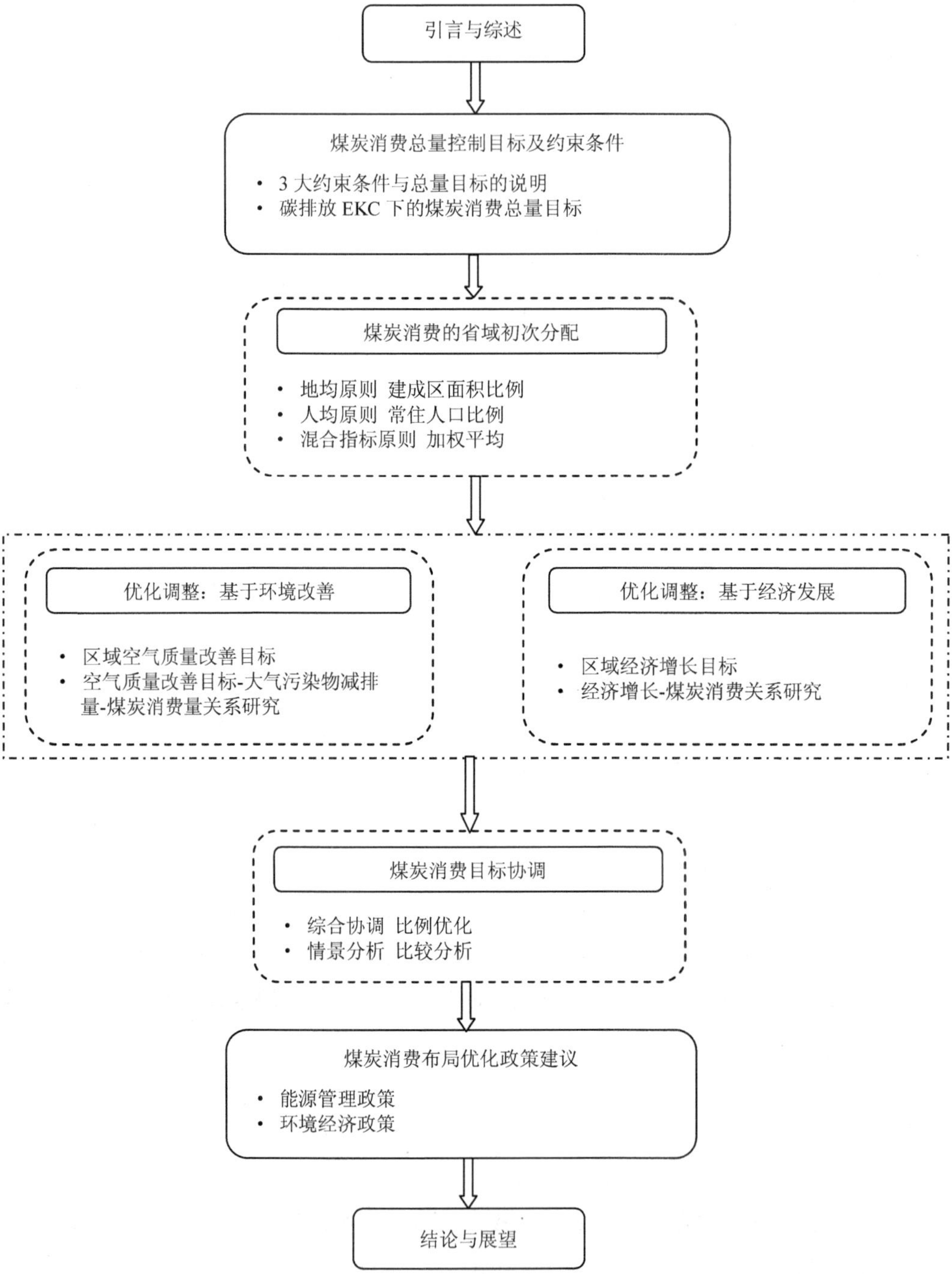
引言与综述
煤炭消费总量控制目标及约束条件
• 3 大约束条件与总量目标的说明
• 碳排放 EKC 下的煤炭消费总量目标
煤炭消费的省域初次分配
• 地均原则 建成区面积比例
• 人均原则 常住人口比例
• 混合指标原则 加权平均
优化调整：基于环境改善
• 区域空气质量改善目标
• 空气质量改善目标-大气污染物减排量-煤炭消费量关系研究
优化调整：基于经济发展
• 区域经济增长目标
• 经济增长-煤炭消费关系研究
煤炭消费目标协调
• 综合协调 比例优化
• 情景分析 比较分析
煤炭消费布局优化政策建议
• 能源管理政策
• 环境经济政策
结论与展望

图 1-1 技术路线

1.4 相关理论

1.4.1 资源环境价值论

资源环境价值是指资源与环境如同商品一样都存在自身的价值。人类对待资源环境价值的认识，大概经历了从无价值到有价值的认识，以主观视角来评判资源环境是否有价值，无非就是判断资源环境是否参与并对人类社会生产活动有所贡献。而资源环境之所以有价值，则体现在它们能够直接或间接满足人类生产消费需求的层面上，换句话说，资源与环境均具有使用价值和非使用价值。劳动价值论、效用价值论是资源环境价值论的重要组成部分，其中马克思的劳动价值论是基础，资源与环境本身只是使用价值的来源，但随着人类活动的增加，资源与环境具有了使用价值。从效用价值论来说，资源与环境满足了人类生产生活需求，必有其价值。

资源与环境价值论，对于加深人类对生态环境贡献度的认知，促进人类保护资源与环境，以求在资源环境价值的延续下推动社会发展，具有重要意义。自然界中的煤炭、石油等是可以利用的自然资源，而资源所处的环境，也是全人类所在的生态系统，生态系统需要保持一定的平衡性，如果忽视资源环境的价值，对资源环境进行无序无度使用，只会造成生态环境的破坏与资源的浪费，现今的雾霾、酸雨、气候变化等环境难题无一不让人们认识到以恶化环境换得的 GDP 增长无法持续，唯有改造环境才能得到真正的经济发展。十八大号召“推进生态文明建设”，体现出我国对环境污染和社会发展的影响已有了较为深刻的认识。因此，正确认识自然资源的环境价值，有助于客观、全面认识环境和经济的关系，在反思中得到鞭策与警示，并实施补救措施，采取行动。

本研究所探讨的煤炭资源，不仅有自然价值与经济价值，还具备生态环境价值的属性，大气环境蕴含了生态系统所需的要素，具有生态共存的属性。二者分别为人类生产生活提供了基础动力与生存环境，为人类与社会发展做出了重大贡献，具有重要的价值。因此资源环境价值论，对于实现经济发展下的资源与环境保护以维护资源环境价值不被破坏，并对于煤炭资源的价值合理分配均具有理论指导作用。

1.4.2 外部性理论

作为资源环境经济学的基础理论，马歇尔、庇古和科斯这 3 位经济学家对外部性理论的发展做出的贡献最为明显，其揭示了市场经济活动中资源配置效率低的根本原因，也为解决资源环境的外部不经济问题提供了一定的思路。1890 年，马歇尔发表的《经济学原理》首提“外部经济”，指由于企业外部的一些因素所引致的生产费用的减少。1920 年，“福利经济学之父”庇古在《福利经济学》一书中，通过分析边际私人净产值与边际社会净产值之间的偏离来阐释外部性。常见的基础设施建设领域“谁受益，谁投资”、环境保护领域“谁污染，谁治理”，都是受庇古理论的影响。随后，科斯在《社会成本问题》中阐释了交易费用和财产权对经济的制度结构和运行的影响，指出当交易费用为零时庇古税没有必要。科斯定理指出：如果交易费用为零，不管权利如何界定，都可以通过市场交易达到资源最优配置；如果交易费用不为零，制度安排与选择就有必要。常见的环境保护领域的排污权交易制度，是科斯理论的应用。

关于外部性理论的概念至今都还是经济学上一个较为模糊的概念，不同经济学家对此做出过不同解释和阐述，大多的观点认为，外部性意为一项生产或消费行为对其他生产或消费行为的影响，大体上指的是某个经济主体对另一个经济主体产生一种外部影响，而这种外部影响通常不能通过市场价格进行买卖。即某经济主体由于他人的行为而受益或受损，但并没有因此而向他人支付报酬或索要赔偿。基于本书的研究，特引申其关于消费行为的外部性含义。消费的外部性包括消费的正外部性和负外部性，正外部性是指此消费行为给社会带来的好处，而负外部性则是指此消费行为带来的不良影响。并且，此消费的外部性可分为环境属性和非环境属性两个方面。若引申到具体层面，可将自然资源的消费给环境及社会经济发展带来的影响，称为环境负外部效应。为了促进合理且有效地进行资源配置，外部性需要得到治理并实现问题的内在化。

能源消费特别是煤炭消费，引起的全球气候变化问题和区域大气污染问题，具有明显的外部性特征。因此，无法单纯依靠市场的“无形之手”达到社会最优，需要政府“有形之手”介入量化分配消费量。本书中煤炭消费带来的大气污染影响，即可看作是经济发展下能源消耗带给社会的一种负外部效应，一直以来煤炭对我国国民经济发展都具有重要的贡献，而随着经济的不断发展，环境容量不断地被挤占，煤炭对经济发展的净贡献不断地下降，煤炭消费的负外部性也不断凸显。国际环保组织自然资源保护协会（NRDC）发布《2012 煤炭真实成本》报告说明，1 t 市价不过 500 余元的煤炭，所需付出的环境和居民健康代价却高达 260 元。研究认为，煤炭的定价机制并没有体现煤炭的真实成本，因而使煤炭的市场失效，导致了煤炭的过度使用。就煤炭消费对大气环境的影响来说，当煤炭消费所产生的经济活动超过环境承载力时，随煤炭消费的增加，煤炭带来的大气污染的环境成本会提高。煤炭消费量降低，其污染的边际成本会下降，煤炭自身的边际价值也会上升。而本研究分区控制煤炭消费量，正是为了尽力弱化煤炭的环境负外部效应，因此，此理论对于削弱煤炭消费对大气环境的负面效应有重要意义。

1.4.3 可持续发展论

可持续发展论是基本的社会发展论之一，也是最为经典的环境经济学理论之一。它是一种注重长远发展的经济增长模式，从 1972 年斯德哥尔摩人类环境会议提出至今，逐渐被国际社会认知并接受，其兼顾当代与后代人类发展的理念，也是科学发展观的重要基础内容之一。随着社会发展理念的不断更替，可持续发展论的相关发展计划和政策也逐渐加大了对环境的重视，核心思想主要体现为实现经济、资源和生态环境协调发展，从而为后代提供可以生存的资源和良好的环境。这种理论深刻影响着人类的思维方式及生产生活方式，也成为治国的重要方针，渐渐发展为衡量一国国力的重要标准。其实，自然资源和生态环境从广义上来看，都是一种对人类有益的资源。因此在开发利用时，要考虑在资源更替速度可承受的前提之下进行适度地资源消耗。基于可持续发展所遵循的公平性、可持续性及共同性的原则，不管是侧重于经济、自然还是社会方面，都要求人类在发展经济的同时，注重资源与环境的协调发展，最终实现生态可持续、环境可持续与经济可持续的统一局面。

可持续发展论，对社会经济的发展所提出的观点可以归结为“在环境承载力之内的发展”。对于资源和环境而言，可持续发展蕴含了保持、延长与发展的含义，即保持资源基础的完整性和使用性，并使得此资源和环境条件能够延续以供后代人生产生活。本研究提到的煤炭，作为主要的能源品种，在支撑国家发展的过程中，得到了大规模开采与使用，给煤炭资源本身带来了很大影响，而伴随煤炭的大量消费，环境也不可避免地受到牵连。从忽视环保到注重环保与经济同行的转变，与可持续发展观的指引不无关系。如今，国家面临煤炭消费所带来的大气污染问题，显然，人类煤炭消费的经济活动已超出了大气环境承载力，并反过来深深影响了人类的正常生活，也阻碍了经济的快速增长。因为当下的发展需以人为本，需要考虑资源环境与经济的同步协调性，更需要遵循科学的发展路径。可持续发展论，是在大气环境承载范围内进行煤炭消费控制的支撑理论之一，也是优化煤炭资源配置，在不同区域内进行适当的煤炭消费活动，以求在实现不同区域可持续发展的基础上，促进全国可持续发展目标达成的理论之一。

1.4.4 环境库兹涅茨曲线（EKC）

库兹涅茨曲线是经济学家Kuznets在1955年分析人均收入水平与分配公平程度之间关系时提出的学说，表明收入不均现象随着经济增长先升后降，呈倒 U 形曲线关系。经济学家 Grossman 和 Krueger（1991）针对北美自由贸易区对墨西哥的环境影响，实证研究了环境质量与人均收入之间的关系，指出环境污染随着人均收入的提高先上升后下降，呈倒 U 形；他们在 *Economic Growth and the Environment* 一文中，利用回归模型对 4 类污染物的面板数据进行实证研究，结果也支持倒 U 形 EKC。Panayotou（1993）将这种环境质量与人均收入间的倒 U 形关系称为环境库兹涅茨曲线（Environmental Kuznets Curve，EKC）。基于 EKC，李波等（2011）做了我国农业碳排放强度与人均 GDP 的 EKC 检验，发现倒 U 形关系明显；Sinha 等（2014）分析了印度能源主导型增长与 CO_2 排放的因果关系。

EKC 清晰直观地描述了环境质量变化和人均收入的关系。环境与经济之间关系探讨的深入丰富了 EKC 的理论解释，Grossman 和 Krueger 提出了规模效应、技术进步和结构效应，也有学者从环境质量需求、环境规制、环保投资等角度解释 EKC。关于 EKC 的各项实证研究，结论各异，有些支持倒 U 形，有些则出现 N 形、单调上升型等多种情形。有学者指出 EKC 理论的缺陷在于假定收入是外生变量，未考虑到经济-环境系统的内生互动。

1.4.5 环境学习曲线理论

环境学习曲线理论是由学习曲线衍生而来的一种理论，体现为一系列环境技术经济分析的理论模型，也可称为一种有利于促进实现“资源节约型、环境友好型”社会的环境经济学理论。

简单来说，学习曲线本意指的是经济活动中随技术提高单位产品成本降低时，由平均成本与单位产值增高之间所形成的边际曲线。引申到环境学习曲线，指的就是随着经济活动增加，导致单位产品产值、污染物排放或者资源消耗所产生的变化，它体现了经济活动主体在技术提高和财富积累的同时所取得的环境保护成果。其主要研究的指标为资源消耗和废物排放情况，为了追求公平效率，还会引入重要的社会发展因子，一般采用人均 GDP 且对资源消耗和废物排放均进行单位 GDP 消耗（排放）强度计算。经研究表明，能源消耗强度、大气污染物排放都与人均 GDP 存在一定关系，还有一些研究将环境学习曲线应用到碳减排的研究中，同样建立了碳排放强度与人均 GDP 之间的关系。而这些关系，经模型构建并验证，拥有多种表现形式，常见的有对数线性模型、B 曲线模型。假定自变量定为人均 GDP，则因变量分别为资源消耗强度和污染物排放强度，那么两个模型可以定为：

（1）对数线性模型

$$Y = Ax^{-b} \tag{1-1}$$

式中：Y——资源消耗强度或污染物排放强度；

A——经济水平为单位 1 时的资源消耗强度或污染物排放强度；

x——人均 GDP；

b——常数，与环保能力程度呈正相关，随环保能力的提高或下降以相同趋势变化。

（2）斯坦福-B 曲线型

$$Y = A(x+B)^{b} \tag{1-2}$$

式中：变量含义同上，b 的范围为 $1<b<10$，当 $B=0$ 时，为对数线性模型。

上述模型均经研究得到验证，因此可间接证明，污染物排放强度与能源消耗强度之间存在一定的关系，有一定的规律可循，因此可尝试构建一定的模型。而这个结论也为本书建立大气污染物排放强度与煤炭消费强度之间的关系模型，提供了非常有力的理论模型支撑，在煤炭消费、经济发展、大气污染排放之间的衔接上，起到了重要的桥梁作用。

1.4.6 能源-环境-经济（3E）系统理论

在传统经济中，能源支撑经济增长，因而能源是发展的关键要素。能源对于发展的约束，不仅在于其作为重要资源面临稀缺耗竭的能源安全问题，更在于其作为污染源引发的全球气候变化、区域大气污染等环境污染问题。在此背景下，围绕能源与发展，形成能源与经济、能源与环境这样两对相互联系、相互制约的关系，相关研究和决策具有了明显的复合型特征。能源经济学也早已超出仅就能源供应与分配讨论与经济发展的关系，从而包含了更广泛的内容，即能源与环境已经成为其中的重要组成部分，形成了“能源-环境-经济”的基本框架。

一些能源研究机构、环保机构与经济学家开展合作，构建能源-环境-经济三维体系（3E），进行综合研究；还有一类研究，是在三维体系下深度关注两两关系问题。比如，Oliveira 和 Antunes（2004）研究建立了一个基于工业内部生产结构的多部门经济-能源-环境的多目标模型，来分析其对经济结构和能源系统以及评估响应的环境影响；Hamit-Haggar（2012）研究了 1990—2007 年加拿大温室气体排放、能源消费和经济增长的关系；Allan 等（2007）针对能源效率提高、能源使用降低、能源服务实际价格下降之间的关系，建立了英国经济-能源-环境可计算一般均衡模型，测算当各行业所有生产部门能源使用效率提高 5%的影响。类似的研究在国内也有跟进。例如，续竞秦和吕永成（2005）采用协同理论和复合系统原理，以广西为例构建了区域经济-能源-环境复合系统；杜慧滨和顾培亮（2005）认为能源、经济和环境问题紧密地耦合在一起是区域发展面临的主要问题，为此基于非线性的 Logistic 模型，建立了“工业用煤-环境-经济”系统演化模型；赵媛等（2001）以江苏省为例，运用多目标线性规划的方法对能源与经济、环境协调发展的能源结构优化模型进行了研究。

第2章　研究综述

在煤炭消费相关的研究中，国外少有涉及地区分配问题，主要表现为煤炭和环境之间的关系研究及煤炭消费政策研究。大部分发达国家对煤炭消费量化分配的研究已没有现实需求。一方面，这些国家并不把煤炭作为主要的能源消费品种；另一方面，煤炭的清洁利用及服务业高端产业的发展已显现优势。因此，当前以煤为主的能源消费结构是中国特色；由煤炭产生的大气污染问题并不是国际社会普遍的突出问题，而是中国特有的问题。

煤炭消费总量控制研究和煤炭消费的区域量化分配研究，属于中国特有。煤炭消费与环境质量的关系、煤炭消费与经济增长的关系，国内外均有相关研究。

2.1　总量控制相关研究

总量控制是落实污染物减排目标的一项基本制度，也是环境管理的重要手段，它以控制一定时段、一定区域内排污单位排放污染物总量为核心。总量控制在我国环境管理领域甚至环保立法中具有重要意义，如《中华人民共和国水污染防治法》第十八条规定，国家对重点水污染物排放实施总量控制制度。早在“十一五”期间，国家总量控制指标为 COD 和 SO_2；“十二五”期间，在减排指标上多增加了两项，即氨氮和氮氧化物。在环境管理的实践当中，我国 SO_2 总量控制、美国酸雨计划等都是总量控制的案例。

随着以环境质量为核心的环境管理理念的提出，总量控制正在向浓度控制转变，减排总量目标也在向环境质量目标转变。但总量控制便于考核管理，有很强的协同效应。以煤炭消费的总量控制为例，正协同效应包括源头减排二氧化硫、氮氧化物、颗粒物，减少温室气体排放，降低因空气污染造成的健康损失，增加绿色就业等。因此，总量控制的相关研究在我国当前仍具有重要现实意义。

在煤炭消费的总量控制方面，国外对国家或者地区的煤炭消费需求预测及煤炭消费布局研究较少，较多的是对能源消费的预测方法研究，主要包括投入产出法、能源弹性系数法、时间序列法、LEAP 模型、回归法等，其中 LAPPILONE 等（1980）应用 MEDEE 模型预测了美国1985—2000年的能源需求，Ranjan等（1996）应用LEAP模型对印度德里交通部门进行了能源消费预测；Alfonso Aranda等（2012）利用多元回归模型，通过55个银行的相关数据分析对西班牙的银行业进行了消费预测；M.R. Braun（2014）则利用回归分析法，预测了英国一家超市未来的能源消耗量。

国内对煤炭消费的研究在方法上不断推陈出新，较为常用的方法主要有灰色预测法、回归分析法、趋势外推预测法以及ARIMA预测模型等。有些研究者在这些通用的基础方法上进行了创新改进，张会新和白嘉（2011）采用了三角灰色系统模型对中国2010—2013年的煤炭消费进行了精确度更高的预测，冯乐等（2012）采用改进的灰色模型通过更好的数据拟合对煤炭消费进行了中长期的预测，张登峰（2012）采用基于RBF神经网络的方法对煤炭消费进行了预测，得到了不大于16.8%的误差率。为了尽量减少误差，王春宝（2012）采用了基于特征向量提取的核回归组合预测方法，并证实了此预测模型更加适应于煤炭消费的预测。朱法华（2012）以发达国家环境质量现状为目标，经对比提出我国煤炭消费总量控制的3类区，即限制增煤区、控制增煤区和优先增煤区，从而提出煤炭消费控制目标为51亿t。陈闻君和佘开勇（2014）运用ESDA方法分析了煤炭消费格局的变化趋势，指出了煤炭消费在南北方向上及东南与西北方向上的空间差异程度存在不同。王新华等（2014）做了煤炭消费结构趋势分析与调控机制研究。一些学者研究了针对主要煤耗行业如何实施煤炭消费总量控制。袁家海等（2015）针对电力行业分析了不同情景下的电力需求与煤炭消费量，评估了由此产生的空气污染物排放量、CO_2排放量、西部能源基地煤电水耗量等“红线”约束，并量化评估煤控政策引起的供电成本与协同效应。

2.2 大气污染物排放预测研究

国外在关于大气污染物排放的预测上，主要为对具体行业、部门或地区的预测。Takayuki Takeshita（2011）通过全球能源体系对交通部门的详细分析，预测了截至2050年全球道路交通产生的SO_2、NO_x和颗粒物的排放情景；Fang等（2014）采用敏感性分析和Monte Carlo模拟方法，预测2030年、2050年道路上车辆的全球颗粒物排放量分别达1 050 Gg和1 260 Gg；Sean等（2012）结合CMAQ和ADMS空气质量模型对伦敦方圆400 m^2内每小时NO_x的浓度进行了较为精细的预测；Saud等（2011）通过实验方法确定排放因子，对印度恒河平原地区农村生物质燃料消耗产生的SO_2、NO_x、颗粒物排放量进行了估计；Margherita等（2011）利用多轴DOAS（Differential Optical Absorption Spectroscopy）测量方法对潟湖区进行了二氧化硫和二氧化氮的排放量预测，提供了一种评估移动源大气污染物排放流量的方法。

我国的研究者在国内污染物排放预测上也做了很多详细的研究。Shi 等（2014）根据政策对污染物设定削减目标的同时，通过松弛情景、参考情景及严格情景下的不同分析，预测了对应的氮氧化物的排放量目标。王丽琼（2010）根据历年来能源消费状况，对氮氧化物排放强度及其区域分布格局与成因进行了定量分析，从排放强度的角度预测了氮氧化物的区域减排潜力。韩国刚等（2010）通过将 SO_2 排放总量与 16 个变量构成函数关系式，结合能源弹性系数和 GDP 年增长率等指标给出 2015 年 SO_2 排放的不同图像，指出将能源弹性系数正常值 0.5 纳入环保规划指标作为减排的关键。之后韩国刚等（2011）又对 2020 年 SO_2 排放总量控制的高、中、低 3 种目标的可行性进行分析，对应提出 SO_2 的排放量。相关研究指出，要使我国 80%以上城市空气质量达到新环境质量标准下二级标准的要求，至少要使我国二次颗粒物的气态前体物和一次颗粒物的排放量在 2010 年的基础上削减 40%～50%。

此外，在大气污染物排放总量分配研究上，我国也有相关的研究成果。刘娜和谢绍东（2007）分析了影响大气污染物总量分配的 5 种因子，指出目前分配方法所存在的缺陷，继而提出中国不同经济区域大气污染物总量分配方法的选择建议。刘广兵等（2008）结合 A-P 值法、多源模拟模型法等方法，对单位大气污染物的允许排放量进行了合理分配。谷石岩（2008）建立了区域 SO_2 总量分配综合评价模型，对苏州市进行了 SO_2 的城区分配。刘怀平等（2011）采用总量指标混合加权方法对 NO_x 进行了省（市、自治区）分配。王永红和孙鹏程（2012）通过进一步研究确定适用于市级分配的权重因子，建立了适用于市级向县级区域分配的指标分配系统。王淑兰等（2012）在构建区域大气复合污染压力-状态-响应模型的基础上应用情景分析技术，提出实现区域协同控制区域性大气复合污染的控制目标的分区削减方案，对区域的大气污染物排放进行了预测。

2.3 煤炭消费量化分配相关研究

市场经济条件下，普通商品的消费可通过市场机制自发调节完成，不需要政府的总量调控和量化分配。而我国煤炭消费有其特殊性：煤炭消费引起的区域空气污染有严重的负外部性，需要政府介入管制；煤炭作为我国主要能源消费品种，是地方经济发展的重要动力支撑，而省级政府官员政绩考核任期“GDP 锦标赛”的存在，会扭曲能源消费和经济发展的可持续性。因此，煤炭消费的省域量化分配在我国具有现实必要性。

在量化分配方面，直接针对煤炭消费的研究较少，针对碳配额即碳排放量的分配研究较多，二者在分配方法和原则上都是相通的，可做参考类比。文献梳理后，主要总量分配方法及原则归纳如以下几点。

①历史累积原则。历史累积原则是指基于某一个时间段按照某地区的历史累积污染

物排放量或资源消耗量占全国总量的比例来进行同比例分配。在该原则下，历史排放水平较高或消费量较高的地区在未来可以获得相对较多的排放权或分得较多的配额。因此它有助于保持连贯性，可避免因排放量或消耗量的大幅强制锐减而造成生产破坏或消费退化。

②人口原则。人口原则基于平等公平的出发点，指的是按某一时间段的人口（一般是常住人口）占比来分配排放量或消费量配额。其基本特征是人口多的地区分得较多的排放量或配额。我国目前人口较多的地区主要集中在中部地区，通过这一原则可以使这些地区获得较多的排放量或消费量配额，从而促进这些地区的发展。

③GDP 原则。GDP 原则是按照某一时间段某区域 GDP 的总量占全国总量的比例来分配排放权或消费量配额。这一原则与各地区的经济状况密切相关，经济发展状况好的地区分得较多的排放权或消费量配额。其特点是可以维护 GDP 较高地区的经济增长连贯性，有助于保持地区经济的平稳发展。

④混合指标原则。混合指标原则是将各地区的历史排放量份额、人口份额、GDP 份额等主要指标按照一定的权重重新加权，从而得到加权平均后新的分配比例。这一原则的设定有助于减轻各区域的历史排放量、人口、GDP 等单项指标的不均衡性，便于根据不同目标进行灵活调整，有助于缩小各地区的差距。

2.4 煤炭消费与大气环境关系研究

在煤炭消费与大气环境关系的研究领域，多以大气污染物排放与环境空气质量为主要研究因子。水资源约束及生态水土保持约束多在煤炭生产环节作为主要约束条件重点考虑，在煤炭消费环节的环境约束多以区域空气质量约束为主。已有的煤炭资源与大气环境之间的关系研究，主要体现在定性的层面。定性方面，认为煤炭消费是污染物的主要来源，煤炭燃烧与 $PM_{2.5}$ 超标和雾霾高发有密切联系，对环境和健康产生重要影响。定量方面，部分研究提出煤炭消费与污染排放之间存在单向因果关系，但具体精确的量化关系仍未提出，只是建议把减少污染的方向指向源头控制污染排放即控制煤炭消费，长期应转向绿色能源消费和绿色经济转型。

在煤炭消费与大气污染物之间的关系上，国外对于煤炭消费与环境污染之间的关系研究可以间接证实，煤炭消费与大气污染之间存在着密切的关系。Gieré 等（2006）的研究结论认为，煤炭燃烧的烟尘包含了大量的各种细小颗粒物，并对环境和健康产生重要影响。Harry 等（2012）认为煤炭消费与污染排放之间存在着长期与短期的单向因果关系，因而提出，应把减少污染的方向指向绿色能源的消费，而非单一地减少煤炭消耗量。Riker（2012）认为煤炭消费是污染物的主要来源，国家在控制煤炭消耗的同时，也会产生一定的不良反应。国内研究认为能源消费是造成大气环境污染的原因，环境容量会约束能源的发展。能耗结构与大气环境质量有明显相关关系，我国烟尘排放量的70%、SO_2排放量的90%、NO_x排放量的67%都来自于燃煤。严刚（2011）提出可通过建立分析约束力的模型框架和数学分析方法，研究相关选定区域的空气质量目标对煤炭消费总量、煤炭消费最大增长速度的约束要求。王淑娜和孙根年（2010）则建立了火电行业SO_2和煤炭消费之间的一元五次方程关系式，证明了火力发电过程中的耗煤与大气污染之间存在着直接的量化关系。至于目前备受关注的$PM_{2.5}$与煤炭之间的关系，唯有郝新东和刘菲（2013）利用省份面板数据，通过量化关系式的验证，发现我国煤炭消费量与$PM_{2.5}$为正相关，而且是我国$PM_{2.5}$污染的主要成因。大多数研究$PM_{2.5}$来源采用的方法为源解析，尽管各城市采用不同的源解析方法，追溯不同污染源的贡献率具体数值不同，但$PM_{2.5}$的主要来源还是当地排放，且煤炭消费跻身3大主要污染源之一。最新研究报告得出了煤炭使用对$PM_{2.5}$年均浓度贡献度约为56%的结果。因此提出了治理大气污染要以煤炭消费总量控制及煤炭利用效率提升为重点的策略。

环境空气质量相关的时空特征研究方面，大致可以分为两类：一类是基于机理与过程的模型模拟；另一类是基于统计方法的预测和模拟。基于机理的模型近些年以CMAQ为代表，基于统计方法的模拟则以多元统计回归为基础进行改良。

国外污染物模拟的研究及应用已较为成熟，主要利用了三代环境质量模型。第一代以CALPUFF为主，第二代以CMAx为代表，第三代是美国国家环境保护局研制、运用较广的CMAQ。在污染物数值模拟的研究方面，主要包括利用环境空气质量模型研究颗粒物的来源、传输及沉降过程等。在模拟$PM_{2.5}$的应用研究上，近年来国内利用CMAx、CMAQ所做的东部、华北等区域的$PM_{2.5}$浓度分布模拟结果均呈现出明显的季节分布特征，$PM_{2.5}$的浓度分布与污染源的位置分布有较好的对应，模拟结果与观测结果基本一致。也有研究利用$PM_{2.5}$的模拟结果来进行大气环境容量的计算，并解析区域$PM_{2.5}$的主要来源。但建立环境空气质量与煤炭消费之间的直接对应关系方面，研究较少。

2.5 经济增长与煤炭消费关系研究

国外对煤炭消费的研究近些年多集中于煤炭消费与经济变量间关系的实证研究。很多学者研究了煤炭消费与经济增长或收入的关系。Li等（2008）比较研究了OECD国家与非OECD国家的煤炭消费与国内生产总值之间的因果关系。Apergis等（2010）分别基于新兴市场经济体和OECD国家的面板数据，研究了煤炭消费与经济增长的关系。

一些学者在煤炭消费的实证研究中改进了计量方法。Yoo（2006）应用时间序列计量技巧，研究了韩国煤炭消费与经济增长之间的短期和长期的因果关系。Wolde-Rufael（2010）

基于6大煤炭消费国1965—2005年的数据，在向量自回归（VAR）的框架内重新考察了煤炭消费与真实GDP的关系，还加入了资本和劳动力作为额外的变量。Govindaraju和Tang（2013）采用最新的协整稳健估计技术，实证研究CO_2排放量、经济增长和煤炭消费在中国和印度的关系。

我国从2005年起开始注重煤炭消费的研究，2012年起研究热度上升。在煤炭消费与经济增长的关系方面研究较多。研究者们则提出煤炭消费是经济增长的重要因素，但二者之间仍存在矛盾。通过协整理论、多变量协整分析、Granger因果检验、实证分析等方法，都说明煤炭消费和经济增长存在协整关系和因果关系，并反映了不同程度的社会发展形态。张兴平等（2008）做了我国煤炭消费与经济增长关系的多变量协整分析，研究了煤炭消费与国内生产总值、结构变化和效率之间的关系。刘顺艳和孙根年（2009）做了中国省际煤炭消费与GDP增长关系及拐点预测。王鉴雪和宁云才（2011）研究了能源消费、煤炭消费与经济增长的关系，指出我国煤炭消费收入弹性系数依然过高，能源消费与经济增长、煤炭消费与经济增长存在着协整与双向因果关系。

2.6 煤炭消费政策相关研究

在煤炭消费政策研究方面，大体有两类观点：一类认为煤炭消费和经济发展是难以统一协调的，减少煤炭消费量的政策都会影响电力生产和GDP增长，因此从经济发展的角度，控制煤炭消费不易实现；另一类则提出提高能源使用效率或者开发替代能源来减轻其环境污染影响，可实现低碳经济、绿色经济的转型，从而实现能源消费结构改革和经济可持续发展的“双赢”。

一些学者考虑了与煤炭消费相关的政策建议。Höök和Aleklett（2009）提出政策制定者需谨慎对待煤制液体燃料（Coal-to-Liquid），需考虑它的煤炭消耗和技术成本及转换率。Apergis等（2010）运用美国50个州1982—2007年的数据，检验美国的煤炭消费是否是平稳过程，检验结果是0阶，表明针对煤炭消费的节能减排政策只会产生短期的影响。Bloch等（2012）实证研究了中国煤炭消费和收入的关系，指出通过减少煤炭消费来达成温室气体减排政策目标困难重重，转向绿色能源从长远来看是个可行的选择。

一些学者关注我国市场经济背景下的煤炭消费，即注重用经济手段和市场力量去调控煤炭消费，为煤炭消费的环境经济政策研究提供了先导。潘伟尔（2009）曾探讨我国煤炭资源整合的国有化倾向及煤炭税费制度改革问题。武晓明（2007）实证分析发现煤炭需求受煤炭消费政策的影响，产业结构变动、能源效率改进可降低煤炭消耗，价格政策使煤炭需求与价格水平同向变化。冯继伟（2008）则从主要耗煤部门煤炭消费状况、节能政策以及环境和煤炭需求关系方面进行了讨论，分析了中国煤炭政策变迁及影响因素。

有关借鉴发达国家能源发展经验方面的政策建议主要集中在新能源清洁能源替代、煤炭清洁利用及发展碳交易市场。

（1）新能源清洁能源替代

欧盟1997年颁布了《可再生能源发展白皮书》，制定了2010年可再生能源要占欧盟总能源消耗的12%、2050年达到50%的宏伟目标。欧盟强调应开发自己有竞争力的替代能源，把发展风能、水能、太阳能、生物质能和地热能等可再生能源作为优化能源消费结构的一个中心目标。日本1974年制订了以2000年为目标的“阳光计划”，努力开发新型环保能源技术。20世纪80年代末期，石油在日本一次能源结构中的比重由1973年的77.4%下降到57%；天然气由1.5%提高到10%；核电由0.6%提高到9%；太阳能、风能等新能源由1%提高到1.3%，尽管上升幅度不大，但技术开发取得明显进展。德国一直重视可再生能源的发展。德国近些年来，可再生能源价格并没有特别高，竞争力并没有明显减弱，德国有望依靠可再生能源来增强国家竞争力。美国在2009年《清洁能源与安全法案》（ACESA）中提出以发展新能源为核心、推动节能、提高能效的能源战略框架。ACESA的主要内容之一就是清洁能源，涉及可再生能源和节能发电标准、清洁交通、发展智能电网等内容。法案提出到2020年电力供应中15%以上来自可再生能源，5%以上来自节能。

（2）煤炭清洁利用

美国2001年以来，制订了“煤炭研究计划”（CRI）、“清洁煤发电计划”（CCPI）等。布什签署的《2005年国家能源政策法案》，继续支持煤炭清洁燃烧技术的研发。2006年，美国能源部编列7亿多美元财政预算发展化石能源，主要用于“煤炭研究计划”、发展洁净煤示范项目及“未来电力计划”。奥巴马政府也力主依靠能源技术将煤炭作为清洁能源的选择之一。从政策走向来看，美国认为煤炭的清洁开发利用有助于缓解国内能源安全压力，如果片面地将煤炭完全排除在能源计划之外，可能会给国家能源安全带来风险。日本在控制燃煤污染方面的环保要求十分严格，洁净煤技术是日本煤炭科研的重点。1995年，在新能源综合开发机构（NEDO）内组建了“洁净煤技术中心”，专门负责开发清洁煤炭利用技术。2006年，日本在出台的《新国家能源战略》中提出，要促进煤炭气化联合发电技术、煤炭强化燃料电池联合发电技术的开发和普及。

（3）发展碳交易市场

欧美等发达国家提出了两类有利于实现能源消费总量控制的政策，一类是碳排放总量控制目标；另一类是节能量目标，如能源消费总量上限、能效配额目标。在总量控制目标下，形成了碳排放交易体系和节能量认证交易体系。欧洲排放权交易体系（EU ETS）是国际性的排放交易体系。该体系基于总量交易（Cap-Trade），在污染排放限值内，各排放源之间以货币交换的形式互相调剂排放量。欧洲基于市场的节能认证交易体系——白色认证体系则作为碳排放交易的有效辅助和补充。美国加利福尼亚州（以下简称加州）碳交易机制覆盖了加州 85%的温室气体排放，对于电力行业纳入年排放量超过 25 000 t CO_2 当量的发电设施。加州还设立了自愿可再生电力储备账户，每年分配一定比例的免费配额给可再生电力企业，以鼓励新能源电力的发展。

2.7 国内外研究评述

纵观国内外对大气污染防治及煤炭消费的研究，不难发现其研究内容的难度越来越深，研究对象也越来越具体。由于国内外经济发展及技术水平的不同，研究成果进展也有不同。国外的研究成果针对性较强，比较偏向于选取特定的部门或者有限的区域，如交通部门、港口、机场等，对所取范围选择适用的研究方法，注重针对性及精确度；另外鉴于国外开展研究时间较早，所运用的模型和方法也较为先进，这也为能源环境领域的研究奠定了基础，对国际上的相关研究产生了重要影响，具有一定的借鉴作用和启迪意义。然而，国外的研究缺陷在于仍然没有一套适用性较高的研究体系，在污染物总量分配机制和煤炭消费预测上的研究均为个别区域内的案例，将煤炭消费与大气污染物联系的研究也较少，且很少有涵盖各部门、各区域、各行业的全局性的研究实例，这可能与国外因煤炭消费产生的污染程度不同而缺少对相关研究的关注度有关。且由于国情有别，国外研究所取的区域范围内的经济发展及自然条件等也各有差异，因此其研究方法的适用性还有一定的局限性。

国内对煤炭消费与大气污染防治的研究较多地使用模型分析的方法，通过不同情景设定，对于污染物的排放进行了约束值的计算，考虑了经济增长和环境约束，对大气污染物排放控制目标的设定有一定的借鉴意义。尤其是以区域环境质量达标为前提条件的研究是有必要的，但由于我国国土辽阔，人口众多，区域自然环境、资源禀赋及经济发展差异大，污染情况复杂，要得到较为精确、具体详细的研究结果则难度颇大。例如，对大气污染物排放与煤炭消费总量控制方面的研究，多为笼统的减排目标或是给出对策性的建议，没有对全国区域的总量控制目标进行更为深入的研究。除了个别研究对国家进行区划，分中部、东部、西部等区域提出粗略的减排目标，却依然缺乏对省（市、自治区）的大气污染排放限制设定，对煤炭消费的研究也是如此，关于煤炭消费布局策略的研究较少，更多的是对煤炭消费控制的政策性建议，或是单独省份及区域的煤炭消费研究。而在对煤炭消费的分配研究上，发达国家的划分方法对于我国的适用性还有待商榷，我国的经济仍处于发展中阶段，根据与发达国家标准对比得来的控制目标可能会影响经济的发展。因此，在燃煤消费控制的分配上还需要提出兼顾经济发展与大气环境质量要求的分配方法。大气污染约束与煤炭消费布局之间也还需探索具体的量化关系。

总之，综合国内外的研究，不管是对大气污染物总量的区域分配、煤炭消费区域分配，抑或是大气污染物与煤炭消费之间的相互量化约束关系，都还处于一种有进展而无明确统一结果的状态。作为横亘在我国面前且亟须解决的问题，煤炭消费的污染问题需要得到更深层次的研究，唯有将大气污染与煤炭消费之间明确联系起来，以大气污染排放限制为前提条件来约束煤炭消费，优化煤炭消费布局，才能在实现煤炭合理消费的前提下优化区域环境质量，进而实现全国大气环境质量的改善。

第 3 章　我国大气污染状况分析

3.1　大气污染物排放特征分析

3.1.1　污染物排放年际变化趋势

3.1.1.1　污染物排放总量变化

选取自“十五”以来（即 2001—2013 年）全国主要大气污染物排放量和 GDP 的统计数据进行对比，以分析变化趋势（图 3-1）。

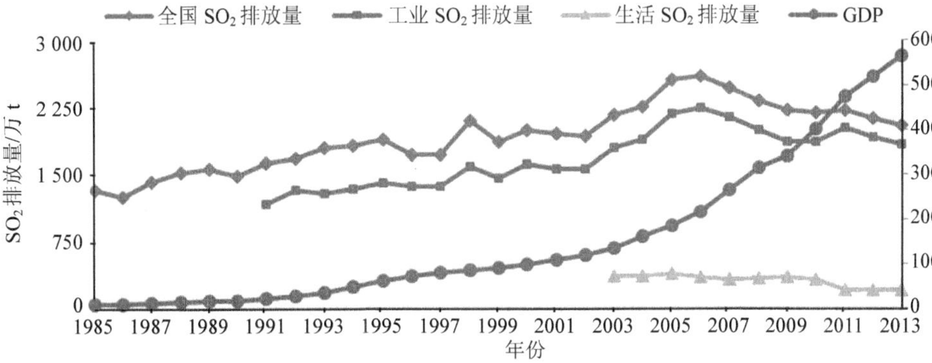

（a）SO_2 排放量与 GDP 年际变化

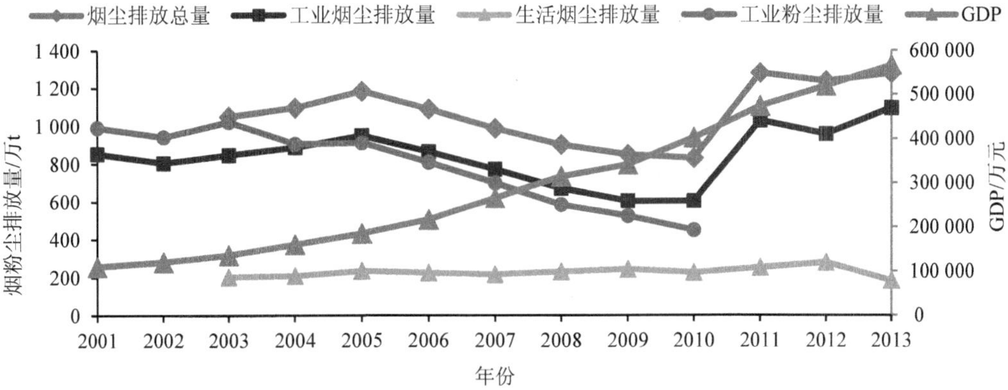

（b）烟粉尘排放量与 GDP 变化

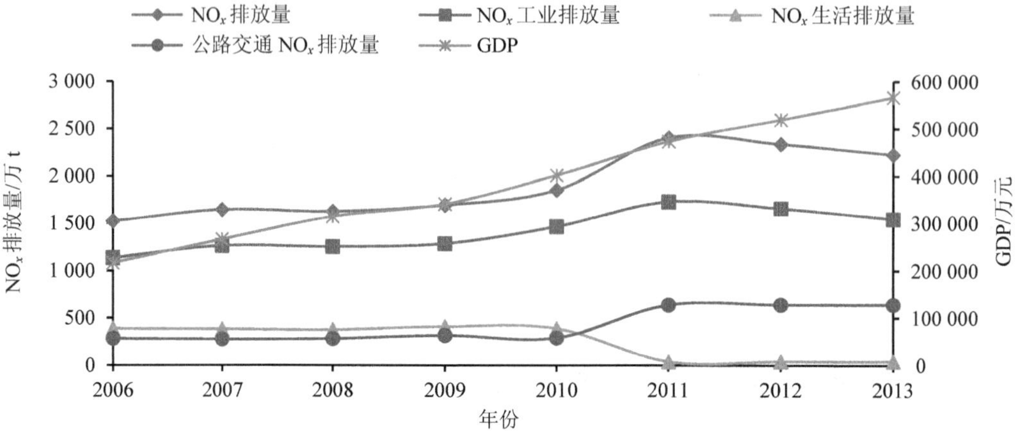

（c）NO$_x$排放量与 GDP 变化

图 3-1 2001—2013 年全国大气污染物排放量与 GDP 的年际变化

数据来源：《中国统计年鉴》（2002—2014 年）。

由图 3-1 可见，2005 年之前，SO_2排放量一直呈上升趋势，2002—2005 年，SO_2排放量年均增速达到 5%，其中 2004 年增速达到 13%，这与该时期 GDP 年均达 11%的增速有关；2006 年之后，SO_2排放量开始下降，2013 年排放量为 2 043.92 万 t，不考虑 2010 年统计新标准执行后的数据差距，相比于 2006 年降幅大约为 21%，相比 2012 年下降 3.48%。而 2012 年相比于 2011 年排放下降比例为 4.52%。究其原因，“十一五”期间我国将SO_2减排纳入了经济发展规划的约束性指标，通过工程减排、结构减排和监管减排 3 大措施实现了SO_2排放量逐年下降，但其降速呈现放缓趋势，表明了SO_2减排的难度不断加大，随着“十一五”的措施的大力推行，“十二五”期间的SO_2减排则更应偏重于结构减排。

相比于SO_2排放的总体下降趋势，NO$_x$减排不容乐观。2011 年，全国主要污染物 4 个排放指标中，3 个均同比下降，只有NO$_x$不降反升，且“十一五”期间的NO$_x$排放量总体呈上升态势。这与我国对NO$_x$的管控力度有关，直到“十二五”时期，国家在《“十二五”规划纲要》中明确提出，将NO$_x$列入国家主要污染物控制和减排约束性指标中进行总量控制，因而自 2011 年之后，NO$_x$排放量开始下降，2013 年NO$_x$排放量为 2 227.36 万 t，相比上年降低了 4.72%，可见随着对NO$_x$管控力度的加强，如机动车的淘汰更替等措施的实施对NO$_x$的排放产生了一定的控制作用。

颗粒物一直是影响城市空气质量的首要污染物，严重危害人体健康。由于颗粒物统计数据的缺乏，以烟尘和工业粉尘指标替代。2011 年统计数据中将烟尘和粉尘数据合并计算为烟粉尘。考虑到数据的完整性，取 2003—2013 年的烟粉尘总量变化趋势进行分析。由

图 3-1 可以看出，烟粉尘的排放量总体处于下降趋势，特别是 2006 年以后，下降迅速，这与我国工业烟尘的去除量随着工业的进步和环境标准的日趋严格持续上升有较大关系。不过近两年烟粉尘排放量略有浮动，2012 年的排放量比上年降低 3.36%，2013 年相比上年又上升了 3.31%，可能与烟粉尘控制力度还不够强或者减排空间及技术水平的限制有关。

总体来看，我国大气污染物排放在近年来得到了一定的控制，不同种类的污染物排放控制程度不一，这与采取措施的时间与强度均有关系。由于 SO_2 为较早出现的主要污染物，其防治措施较早实施，因而相对其他污染物的控制效果更为明显，相比之下 NO_x 和烟粉尘的控制有滞后性，“十二五”期间对 NO_x 的控制才有了明确规定，烟粉尘的危害性也因为雾霾现象得到更多的关注。烟粉尘成为未来大气污染物控制的重点。

3.1.1.2　污染物排放强度和排放弹性系数变化

污染物排放强度指的是单位 GDP 的污染物排放量。通过对我国大气污染物排放强度的统计分析可发现（图 3-2），我国单位 GDP 的 SO_2 排放量和烟粉尘排放量呈逐年下降趋势，NO_x 排放强度除了 2011 年略有上升，基本呈下降趋势，即经济产值增加的同时，污染物排放量在减少，说明我国因经济增长所产生的大气污染影响程度在降低。

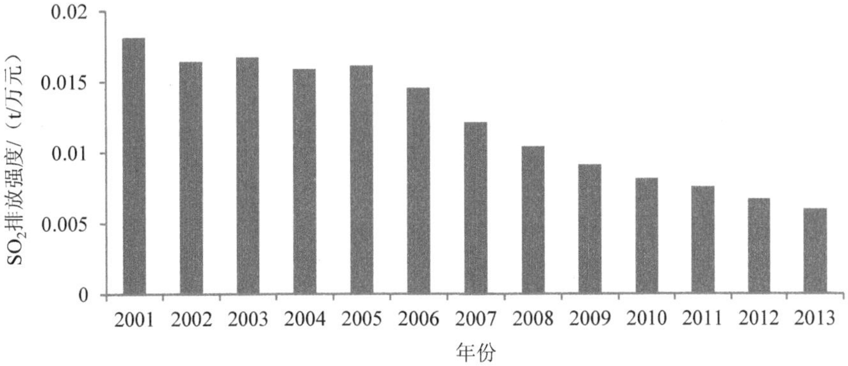

（a）SO_2 排放强度

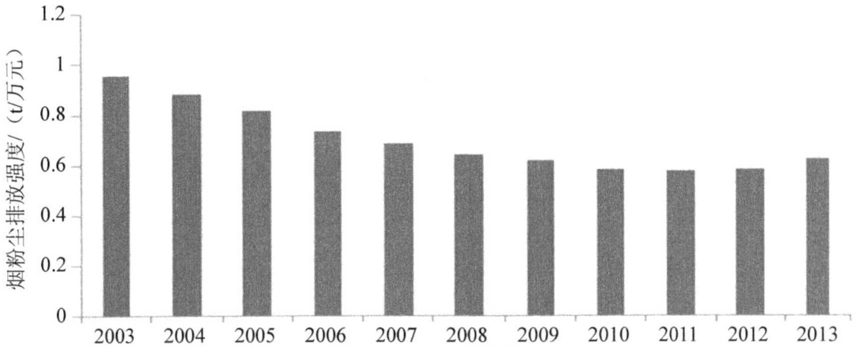

（b）烟粉尘排放强度

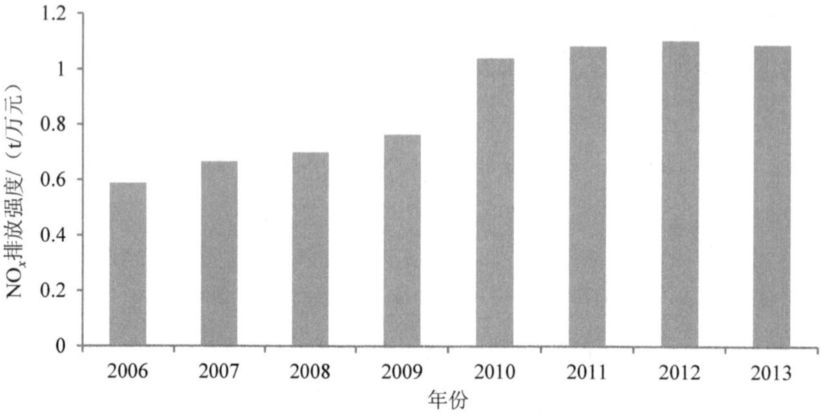

（c）NO$_x$ 排放强度

图 3-2 全国大气污染物排放强度变化趋势

为了进一步探索大气污染物排放相对于经济发展的变化程度，特取大气污染物排放弹性系数作为衡量指标，计算每年大气污染物排放量增速与 GDP 增速的比值，以此反映大气污染物排放量的增长幅度对 GDP 增长幅度的关系。图 3-3 为 2001—2013 年我国大气污染物排放弹性系数变化趋势。

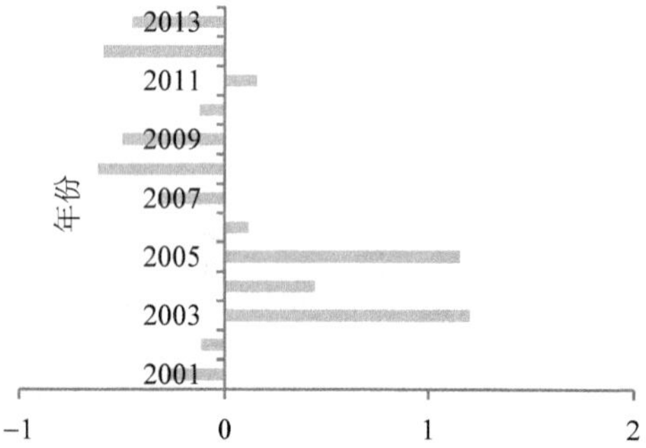

（a）SO_2 排放弹性系数

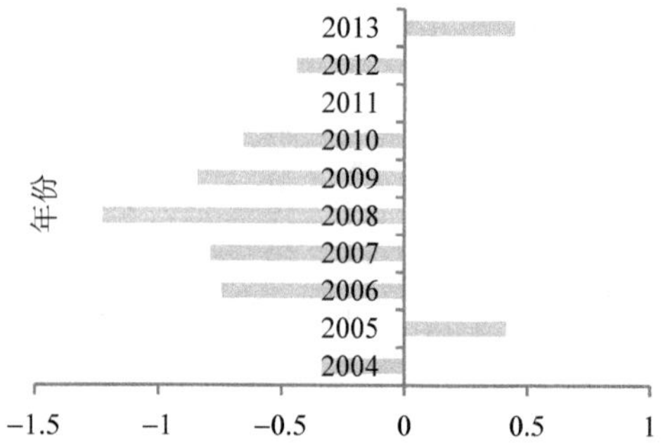

（b）烟粉尘排放弹性系数

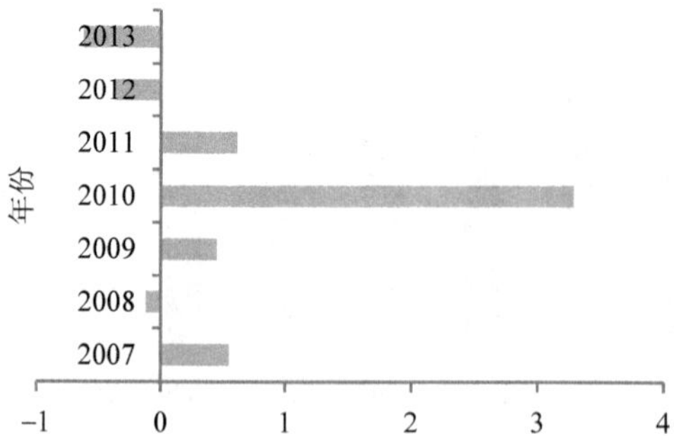

（c）NO$_x$ 排放弹性系数

图 3-3 全国大气污染物排放弹性系数变化趋势

由图 3-3 可见，大多数年份下污染物排放弹性系数均小于 1，且污染物排放量有负增长的趋势，说明大体上污染物的排放增速低于经济增长速度。对于 SO_2 来说，2006 年以前，其排放量有增加，且弹性系数有超过 1 的情况存在，可能是由于早期重视经济的快速增长，对 SO_2 控制力度不够，造成了污染物排放增长速率大于经济增长速率；自 2006 年以后 SO_2 排放呈现负增长趋势，因此相较于经济增长，也有了改善趋势。这表明"十一五"期间采取的一系列削减措施行之有效，在保持经济高速增长的同时实现了 SO_2 排放量逐年下降；"十二五"初期经济增长的同时 SO_2 排放量保持下降，但下降趋势缓于"十一五"期间。对于烟粉尘而言，其排放弹性系数均小于 1，可见相较于经济增长，烟粉尘的控制颇有成效，除了 2005 年、2013 年由于排放量有所上升而为正值外，其他年份都为负值。而 NO_x 的情况却不太如意，在排放控制上存在滞后性，其排放弹性系数除了 2010 年高达 3.28 之外，其他年份虽小于 1 但鲜有负值出现，可能与"十二五"时期之前未曾有明确治理 NO_x 的政策，导致其排放量迅猛上升，以致高过经济发展势头有关。而随着"十二五"时期正式提出治理并加强对 NO_x 的管控力度，机动车的淘汰更替等措施，2012 年、2013 年弹性系数出现负值−0.29、−0.52，NO_x 排放量出现下降趋势，且 NO_x 的减排速率有大于 GDP 增长速率的趋势。因此，3 种污染物的排放增速均有小于经济增速的趋势，体现了我国控制经济活动的污染影响的成效。

3.1.2　污染物排放地区分布

我国各地区的大气污染物排放情况各有不同，从年均污染物排放量的角度，通过 2000—2013 年各省（市、自治区）SO_2 和烟粉尘的年平均排放量及 2010—2013 年各省（市、自治区）NO_x 年平均排放值（图 3-4）可发现，SO_2 排放量较大的地区主要集中在山东、河北、山西、河南及贵州等地；烟粉尘排放量较大的地区集中在山西、河北、河南、辽宁、山东等地；而 NO_x 排放量较大的地区则集中在河北、山东、河南、江苏、内蒙古等地区。比较 3 种污染物地区年均排放值区间也有不同，SO_2 较高，为 0.22 万～176.36 万 t，其次是 NO_x，为 4.18 万～173.19 万 t，再者就是烟粉尘，地区年均排放量在 0.39 万～139.67 万 t。从排放量较大的地区及其排放值区间来看，除了共同要治理的区域，对 SO_2、烟粉尘及 NO_x 要分别重点关注的是贵州、辽宁、内蒙古等地区。

从污染物排放的现状来看，2013 年，二氧化硫排放量超过 100 万 t 的地区依次为山东、内蒙古、河北、山西、河南、辽宁。这 6 个地区的 SO_2 排放量占全国排放量的 38.3%（图 3-5）。NO_x 排放量超过 100 万 t 的地区依次是河北、山东、河南、内蒙古、江苏、广东和山西，排放量合计占全国排放量的 44.7%。烟粉尘排放量超过 60 万 t 的地区依次为河北、山西、内蒙古、新疆、黑龙江、山东、辽宁和河南，烟粉尘排放量占全国的 52%。

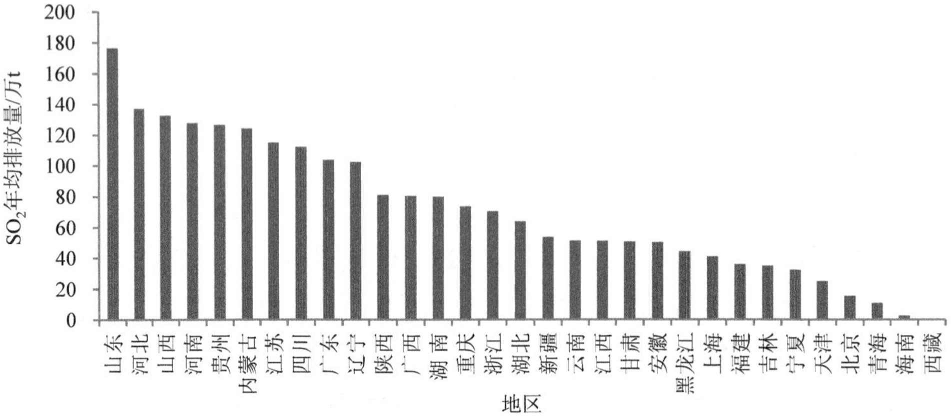

（a）SO_2年均排放量

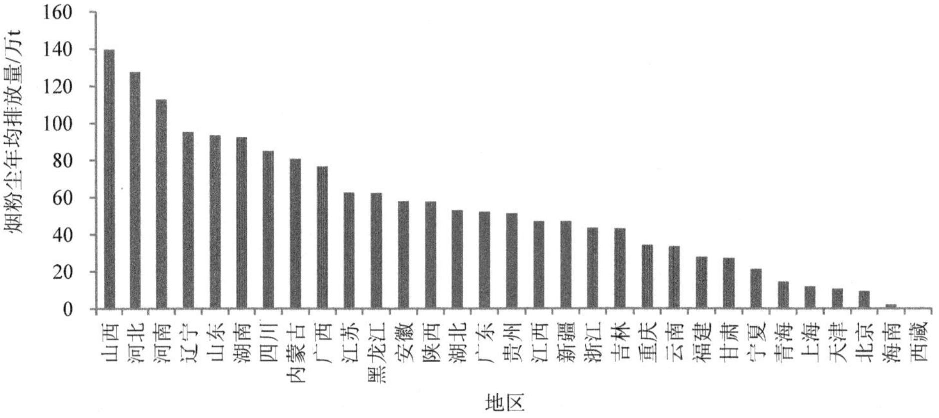

（b）烟粉尘年均排放量

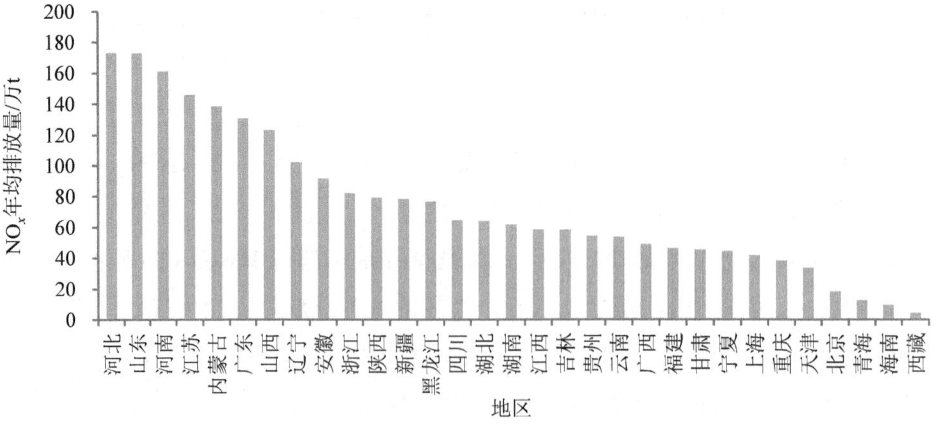

（c）NO_x年均排放量

图 3-4　各省份年均大气污染物排放量

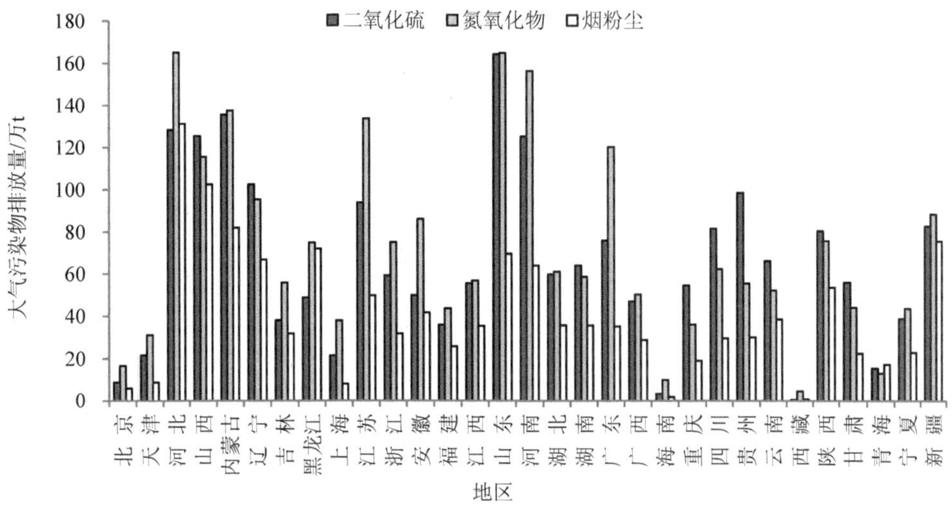

图 3-5　2013 年部分地区大气污染物排放量

为了更加直观地比较各个地区的排放量和排放强度，以全国平均值和各省（市、自治区）中位数可将全国污染物排放情况划分为 4 个区域，即高排放高强度区域（H-H）、高排放低强度区域（H-L）、低排放高强度区域（L-H）和低排放低强度区域（L-L）。2010 年和 2013 年的大气污染物不同排放程度的区域变化对比如表 3-1 所示。

表 3-1　2010 年与 2013 年主要大气污染物排放量与排放强度区域比较

类别 年份	污染物	高排放高强度区域（H-H）	高排放低强度区域（H-L）	低排放高强度区域（L-H）	低排放低强度区域（L-L）
2010	SO_2	内蒙古、辽宁、河北、陕西、河南、山西、重庆、贵州、广西、四川	山东、江苏、浙江、湖北、湖南、广东	新疆、甘肃、青海、宁夏、云南、江西	黑龙江、吉林、西藏、海南、安徽、福建、上海、北京、天津
2013		内蒙古、辽宁、河北、陕西、河南、山西、贵州、云南、新疆	山东、江苏、浙江、湖北、湖南、广东、四川	甘肃、青海、宁夏、江西、重庆	黑龙江、吉林、西藏、海南、安徽、福建、上海、北京、天津、广西
2010	NO_x	新疆、内蒙古、河北、山西、陕西、河南	黑龙江、辽宁、山东、湖北、安徽、江苏、浙江、四川、广东	西藏、青海、甘肃、宁夏、贵州、云南、重庆、江西	吉林、湖南、广西、海南、福建、上海、北京、天津
2013		新疆、黑龙江、内蒙古、河北、山西、陕西、河南、安徽	辽宁、山东、湖北、湖南、江苏、浙江、四川、广东	西藏、青海、甘肃、宁夏、贵州、云南、重庆、江西	吉林、广西、海南、福建、上海、北京、天津
2010	烟粉尘	新疆、黑龙江、吉林、辽宁、内蒙古、河北、山西、河南、安徽、湖南	山东、江苏、四川、广东	青海、甘肃、宁夏、陕西、贵州、云南、重庆	西藏、湖北、浙江、江西、福建、上海、北京、天津、广西、海南
2013		新疆、黑龙江、辽宁、内蒙古、河北、山西、陕西、江西、云南	山东、江苏、安徽、河南、湖北、湖南、广东	吉林、青海、甘肃、宁夏、贵州	西藏、四川、重庆、广西、海南、福建、浙江、上海、北京、天津

由表 3-1 可见，近年来 3 种主要大气污染物排放的 4 个区域一直处于变化之中，由于地区排放差异及统计方法的特性，区域内包含的地区变化特点显而易见。具体污染物排放区域情况主要为：

①SO_2 排放“双高”区均包括河北、内蒙古、辽宁、山西、陕西、河南等区域。相较于 2010 年和 2013 年新增了云南、新疆等地；山东、浙江、湖北、湖南等地一直是高排放低强度区域，甘肃、青海、宁夏等地一直是低排放高强度区域；北京、天津、上海等地则一直是“双低”区域。

②NO_x 排放“双高”区均包括河北、内蒙古、山西、陕西、河南、新疆等区域。2013 年新增了黑龙江、安徽等地；山东、江苏、浙江、湖北等地一直是高排放低强度区域，甘肃、青海、宁夏等地一直是低排放高强度区域；北京、天津、上海等地则一直是“双低”区域。

③对于烟粉尘排放，2010 年和 2013 年的“双高”区的变化较大，在河北、内蒙古、辽宁等地区的基础上，新增陕西、江西、云南等地，而吉林、河南、安徽等地则退出“双高”区域，这可能与 2011 年之后的烟粉尘排放统计规则有变相关，当然，也体现了这些地区实行污染防控成效的差别性。其他 3 个区域内变化主要体现为高强度排放区域新增地区增多，高排放量区域所含地区减少。

综合所有污染物排放地区分布情况可以发现，3 种污染物的“双高”区域均包括内蒙古、河北和山西，且污染物高排放高强度的地区大都是经济发达欠缺地区或者经济中等发达地区，基于发展的要求和技术落后等因素使得其污染物排放强度和排放量呈现趋高形势，这些也是大气污染物急需治理的重点区域，而经济发达地区则很少存在这些情况。总而言之，对于高排放量的区域需要重点控制排放总量，而对于高排放强度的地区，还需针对变化采取合理的结构减排措施进行控制。

3.1.3 重点行业排放特征

分析大气污染物的行业排放特征，有助于把握大气污染物排放的重点行业情况，从而加强行业减排的针对性，对制定具体的大气污染防治措施有重要意义。通过 3 种污染物的行业分布状况（图 3-6）可发现，在大气污染物的排放量上，电力、热力的生产和供应业仍然是大气污染物排放量贡献率最高的工业部门，其次是非金属矿物制品业和黑色金属冶炼业。以上 3 个行业 2012 年 SO_2 排放量占大气污染物排放量的 70%。其中，电力、热力行业占大气污染物排放量的 45%。随时间推移，电力、热力行业 SO_2 排放占比呈不断下降趋势，其他行业排放量占比均呈上升趋势；烟粉尘排放量最大的行业则渐渐由电力、热力行业转移至其他行业，非金属矿物制品业和黑色金属冶炼业的烟粉尘排放量逐渐增加，成为烟粉尘排放的主要来源；NO_x 在电力、热力行业上及黑色金属冶炼业上的排放占比近年来几乎无变化，相比之下非金属矿物制品业排放占比增加，其他行业的排放占比有所下降。

总而言之，在行业排放上，SO_2 和 NO_x 均以电力、热力行业为主，但从长远来看，前者的主要排放行业有转移趋势；非电力行业已逐渐成为 SO_2 和烟粉尘的主要工业排放源，烟粉尘排放行业中要特别注意非金属矿物制品业。就目前形势而言，NO_x 排放在中长期内仍会以电力行业为主。未来在控制电力、热力行业污染物排放的同时，黑色金属冶炼业及非金属矿物制品业等非电力行业的污染物控制也是一大重点。

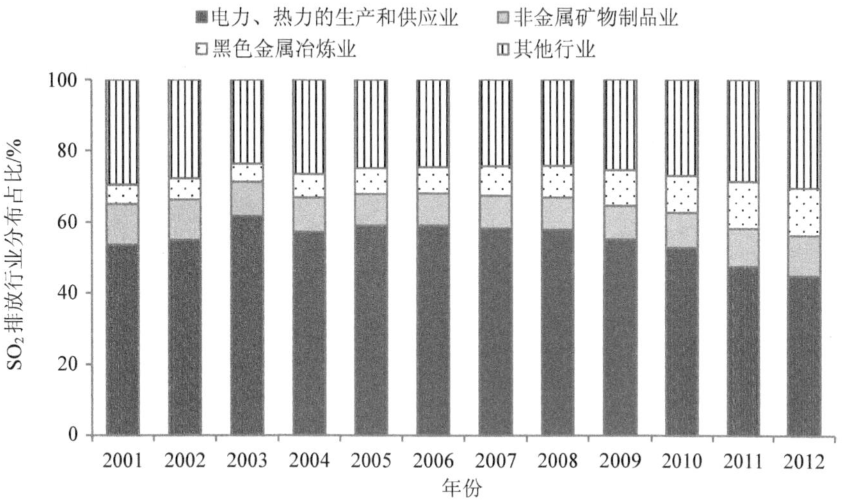

（a）2001—2012 年 SO_2 排放行业分布

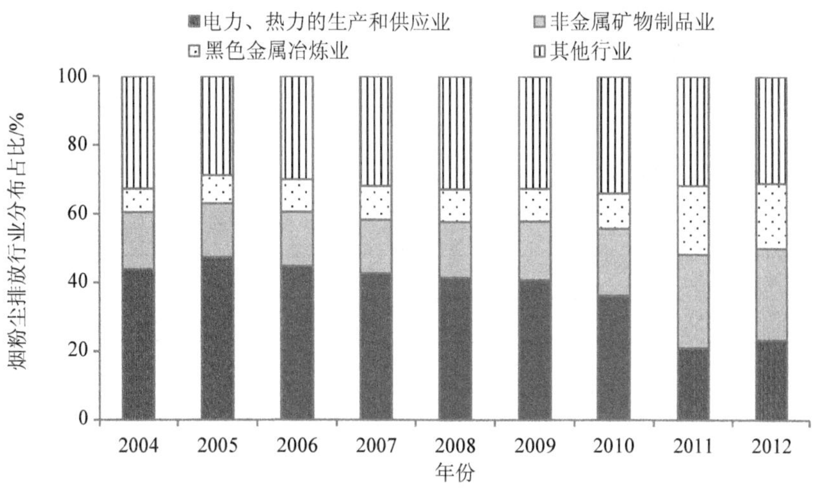

（b）2004—2012 年烟粉尘排放行业分布

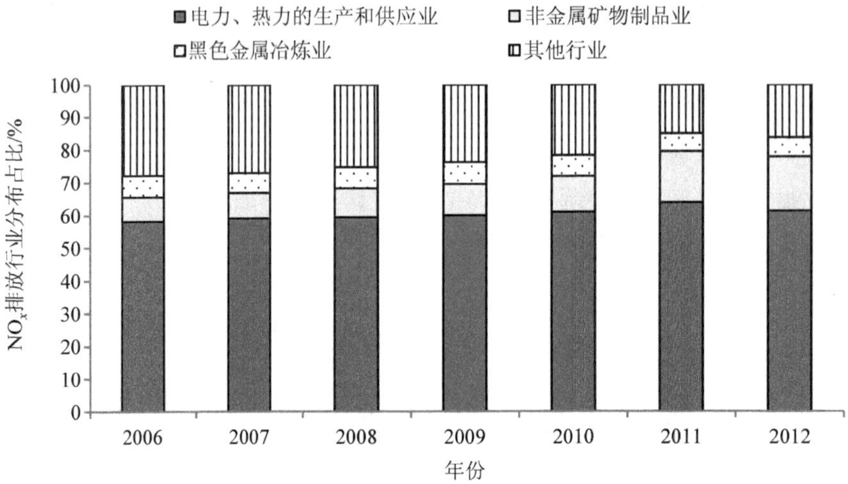

（c）2006—2012 年 NO_x 排放行业分布

图 3-6　历年来我国大气污染物排放行业分布

3.1.4　$PM_{2.5}$ 排放现状

大气污染物排放的复杂形势之下，$PM_{2.5}$ 成为首要的大气污染物，作为灰霾的主要成分，$PM_{2.5}$ 来源广泛，成因复杂，而我国的环境统计中也没有一次 $PM_{2.5}$ 的排放量。自 $PM_{2.5}$ 被纳入环境质量标准体系中，才有相关的监测及报表。清华大学建立的中国 $PM_{2.5}$ 排放清单（MEIC），把一次 $PM_{2.5}$ 排放的人为污染源分为电力、供热、工业锅炉、工业过程、民用、移动源 6 个大类。2012 年，全国 1 203 万 t 的一次 $PM_{2.5}$ 排放量中，工业过程和民用源是污染源之首，贡献比接近 60%，至于各省（市、自治区）$PM_{2.5}$ 的排放情况，还需要未来进一步的监测（表 3-2）。

表 3-2　中国 2012 年一次 $PM_{2.5}$ 排放量的部门分布

部门	一次 $PM_{2.5}$ 排放量/万 t
电力	89
供热	41
工业锅炉	111
工业过程	479
民用	435
移动源	47
合计	1 202

3.2　大气环境质量达标情况

我国的大气环境质量达标情况在新旧标准实施背景下的表现不同。2000—2012 年大气环境质量状况执行标准为《环境空气质量标准》（GB 3095—1996），监测指标为颗粒物浓度、二氧化硫浓度和氮氧化物浓度。2000 年开始列入统计的城市中达到二级标准的城市的比例不断上升，超过三级标准的城市的比例不断下降，达到三级标准的城市的比例也在不断减少（图 3-7），截至 2012 年，113 个城市的空气质量基本都达到三级标准及以上，我国的空气质量总体呈现好转的趋势。

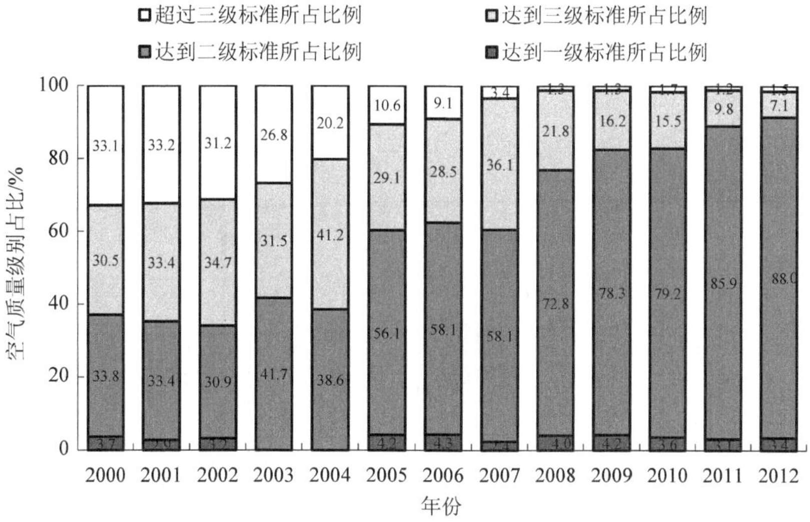

图 3-7　2000—2012 年列入统计的城市的空气质量级别年度对比

新环境质量标准《环境空气质量标准》（GB 3095—2012）新增了 $PM_{2.5}$ 年均、日均浓度限值，O_3 8 h 平均浓度限值，收紧了 PM_{10} 和 NO_2 浓度限值。2013 年 74 个重要城市中仅海口、舟山和拉萨 3 个城市空气质量达标，占 4.1%，超标城市比例为 95.9%。74 个城市平均达标天数比例为 60.5%，平均超标天数比例为 39.5%（图 3-8）。之所以环境质量达标率过低，主要是因为 $PM_{2.5}$ 浓度不达标情况严重，《中国统计年鉴 2014》中给出了 2013 年主要城市的 $PM_{2.5}$ 浓度（图 3-9），按最新环境空气质量标准，超过 90%的城市处于 $PM_{2.5}$ 超标状态，年均浓度小于 40 μg/m^3 的仅有海口、舟山、拉萨、惠州、厦门、福州、珠海、深圳、张家口 9 个城市，可见 $PM_{2.5}$ 污染态势之严峻，已成为拉低整体环境空气质量的最主要因素。

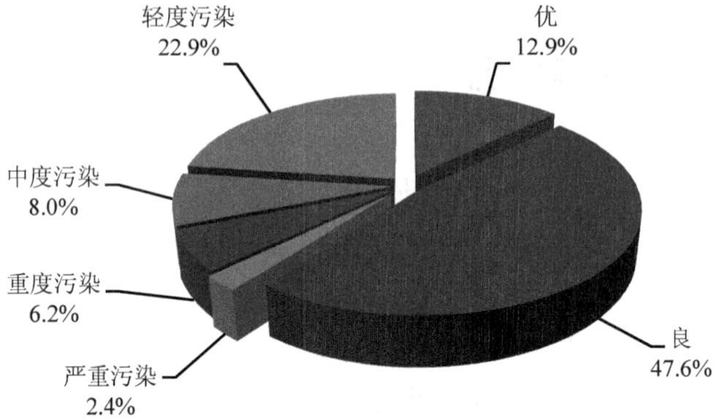

图 3-8 2013 年新标准实施第一阶段污染物达标天数比例

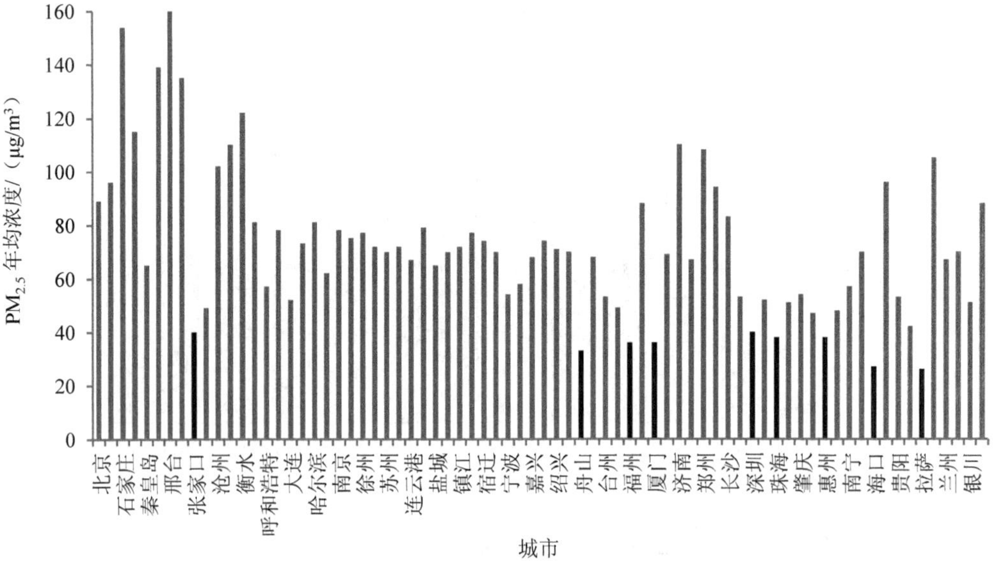

图 3-9 2013 年主要城市 $PM_{2.5}$ 浓度

统计分析影响环境空气质量的 4 种主要污染物的区域污染指数（图 3-10），结果表明，2013 年，在 3 个重污染区域中，京津冀为污染最严重的区域，PM_{10} 和 $PM_{2.5}$ 为污染指数最高的污染物，相较之下，SO_2 和 NO_x 污染情况较轻。2014 年 1 月、2 月、6 月环境空气质量明显劣于其他月份，其中以京津冀区域环境空气质量较差，污染物中以颗粒物和臭氧污染情况最为严重。因此即使我国大气污染物控制已经取得一定的效果，但实际可感受到的环境空气质量却没有较大改善，严重不达标状况时有出现，于是寻找解决大气环境污染问题的方法就显得尤为紧急。

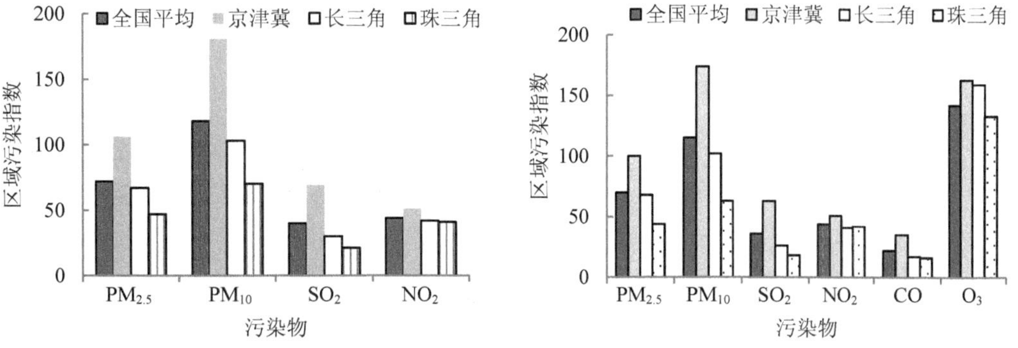

（a）2013 年区域污染指数　　（b）2014 上半年区域污染指数

图 3-10　2013 年及 2014 年上半年空气质量状况

3.3　碳排放现状

据世界银行 WDI 数据库的公开数据（CO_2 排放量数据截至 2011 年），我国碳排放自 2000 年以来逐年增加，截至 2011 年，碳排放总量已超过全球的 1/4。全球 CO_2 排放及中国占比的增长趋势如图 3-11 所示。自加入《巴黎协定》，我国面临较大的减排压力。

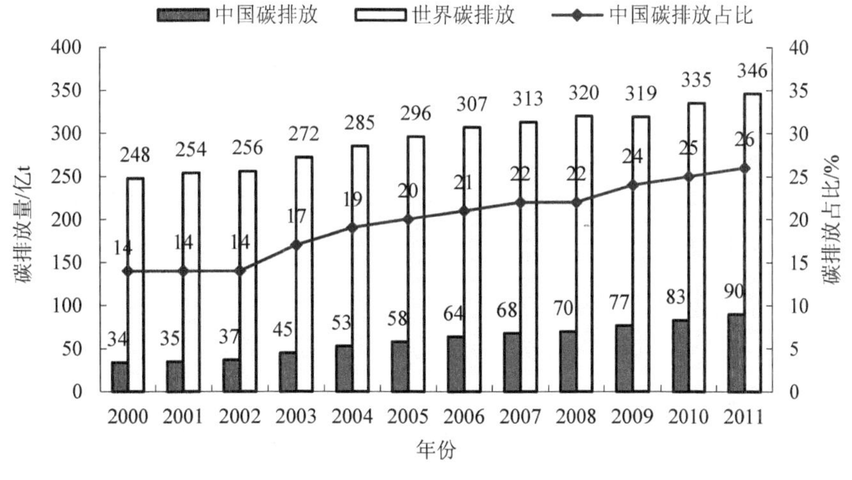

图 3-11　CO_2 排放趋势

3.4 大气环境政策分析

（1）大气污染防治政策

目前，我国的大气污染防治政策主要包括从能源角度出发的节能政策及能源结构调整政策及从污染物排放角度出发的污染物总量控制政策及控制机动车尾气污染等方面。

作为环境问题的治本之策，我国的节能政策经历了计划经济时期、转轨时期及 21 世纪后的时期。政策的实施促使能源价格变化，逐渐淘汰了某些高能耗的产品和设备，获得良好的环境效益，节能政策通过节约能源消耗、减轻能耗排放影响的方式，给大气污染防治工作提供了政策后援；总量控制政策是从根本上改善区域大气环境质量的有效途径，从“九五”规划至今，对大气污染物的排放起到了一定的控制作用。但我国的总量控制政策仍存在低效益和高成本等问题，需要寻找更为有效的解决方法。近期有关大气污染防治的政策措施主要包括以下几项。

①《大气污染防治行动计划》（也称“大气十条”)。“大气十条”主要的措施可从 5 个方面进行总结：一是从污染物控制模式上，提倡污染物的协同控制；二是从能源消费结构上，要求降低全国煤炭消费占比，京津冀、长三角、珠三角等重点区域尽量实现煤炭减量消耗；三是从产业布局及结构上，需要提高企业的技术水平及科技创新能力，发挥市场机制的调控作用；四是从基础法律支撑与监管体系上，需要健全法律法规体系及环境信息强制公开制度。提高环境监管能力及执法力度，区域之间需建立环境治理上的协作机制，建立监测预警应急体系，妥善应对重污染天气；五是从参与上，需动员全民参与到改善空气质量的行动中。

②《大气污染防治法（修订草案)》。《大气污染防治法（修订草案)》突出强调了几点防治措施：一是从源头治理，推动单一污染物控制向多污染物协同控制的转变，以及属地管理向区域联防联控的转变；二是综合采用经济、法律、技术和行政手段防治大气污染，重视重点行业重点区域的大气污染防治；三是从环保责任和义务上，调动政府、企业及公众的环保积极性，加大对违法污染破坏行为的处罚力度；四是建立对应的大气污染预警和应对机制；五是对能源结构和产业结构进行优化与调整，形成大气污染防治的长效机制等。

还有其他的相关规划中也对大气污染防治提出了一些措施和要求，通过梳理已有的政策可以看出，大气污染防治政策正在向着多污染物、多区域的协同控制转变，以降低煤炭消费比重，注重技术改造与提升，对源头进行控制；以加大对污染行为的处罚力度，给予大气污染防治责任与义务以法律的强制属性为手段，实行严格管控；对产业布局及结构进行优化调整，为大气污染防治的长期有效控制做良好铺垫。考虑到重污染天气威胁，未来的大气污染防治政策还应考虑从以污染物总量控制为目标向以环境空气质量达标为目标的转变。

（2）碳减排政策

我国目前关于降低碳排放的国际承诺，主要涉及时间节点是 2020 年和 2030 年，承诺考核指标是单位国内生产总值 CO_2 排放。相关文件表述整理如表 3-3 所示，主要涉及在全球气候改善过程中，中国所要承担的减排任务。

表 3-3　中国碳排放削减承诺的相关文件汇总

时间	会议或文件	碳排放目标	其他相关目标
2009 年 12 月	哥本哈根世界气候大会	2020 年单位国内生产总值 CO_2 排放比 2005 年下降 40%～45%	2020 年，非化石能源占一次能源消费比重达到约 15%，森林面积比 2005 年增加 4 000 万 hm^2，森林蓄积量比 2005 年增加 13 亿 m^3
2014 年 11 月	《中美气候变化联合声明》	2030 年前后 CO_2 排放达到峰值且将努力早日达峰	2030 年，非化石能源占一次能源消费比重提高到 20%左右
2015 年 6 月	《联合国气候变化框架公约》之《强化应对气候变化行动——中国国家自主贡献》	2030 年，CO_2 排放争取尽早达峰；单位国内生产总值 CO_2 排放比 2005 年下降 60%～65%	2030 年，非化石能源占一次能源消费比重达到 20%左右，森林蓄积量比 2005 年增加约 45 亿 m^3

综上所述，中国所承诺的碳减排目标为 2020 年单位 GDP CO_2 排放比 2005 年下降 40%～45%，2030 年单位 GDP CO_2 排放比 2005 年下降 60%～65%，即碳强度到 2020 年和 2030 年分别比 2005 年下降 40%～45%和 60%～65%。

第 4 章　我国煤炭生产消费状况

4.1　煤炭赋存特征

我国煤炭储存量巨大，且分布范围较广，除了上海之外，其他大部分省（市、自治区）都有煤炭的探明储量，全国 2 220 多个县中有近 60%的县蕴藏有煤炭资源。随着勘探技术的提高，我国的煤炭探明储量也在逐年增加，《中国矿产资源报告（2013）》指出，截至 2012 年年底，我国煤炭探明储量达 1.42 万亿 t，比 2011 年上升了 3.1%，相应的煤炭基地也开始不断扩大，“十二五”期间已经扩至晋东、晋中、晋北、陕北、黄陇、宁东、神东、蒙东、新疆、冀中、鲁西、河南、两淮和云贵 14 个大型煤炭基地，提高了煤炭供给能力，也是煤炭储备的重要来源。关于煤炭资源赋存的地区分布差异，有很多综合区划方法，有简单的用东、南、西、北 4 个方向来区划，指出北煤多于南煤、西煤多于东煤。也有根据经济带对煤炭赋存进行特别分区，指出不同经济发展水平下煤炭需求量与煤炭供给水平的不匹配等。本研究根据行政区划对我国的煤炭资源地区分布统计结果如表 4-1 所示。

表 4-1　中国能源资源赋存部分地区分布

地区	包括省（市、自治区）	能源资源比重/%			
		合计	煤炭	水力	石油天然气
华北	北京、天津、河北、山西、内蒙古	43.9	64.0	1.8	14.4
东北	辽宁、吉林、黑龙江	3.8	3.1	1.8	48.3
华东	山东、江苏、安徽、江西、浙江、福建、上海	6.0	6.5	4.4	18.2
中南	湖北、湖南、河南、广东、广西、海南	5.6	3.7	9.5	2.5
西南	四川、云南、贵州、西藏、重庆	28.6	10.7	70.0	2.5
西北	宁夏、新疆、青海、陕西、甘肃	12.1	12.0	12.5	14.1

由表 4-1 可见，经勘探的煤炭资源大部分都分布在华北、西北地区，总占比超过 75%，其中，绝大部分煤炭资源聚集在华北地区，占比约 60%。从 2012 年煤炭行业的投资市场研究结果可以看出，新疆、内蒙古、山西和陕西的煤炭赋存总量占了全国的 81.3%，成为主要煤炭赋存地区；而东北 3 省、华东 7 省（市）、江南 9 省的煤炭储量分别占了 1.6%、2.8%和 1.5%。

4.2 煤炭的生产与消费

4.2.1 煤炭的生产消费总量及强度

4.2.1.1 煤炭的生产消费总量

随着经济迅速发展，近年来我国煤炭生产和消费总量均快速增长，且历年的煤炭自给率基本保持稳定，产消不平衡但有缩小趋势（图 4-1）。总体来说我国已经是世界煤炭第一消费大国，国家煤炭消费量占全球煤炭消费总量的一半以上，煤炭消费水平远超过发达国家。1985—2013 年，跟随经济不断增长的步伐，煤炭消费一直增长，年均增速达 5.49%，近两年来增速减缓，2013 年，煤炭消费量高达 36.1 亿 t，增速降至 2.6%，而根据最新的统计年报显示，2014 年煤炭生产 38.7 亿 t，同比下降 2.5%，煤炭消费量首次出现下滑，同比下降约 2.9%，约为 35.1 亿 t。预计未来若干年，我国仍将保持煤炭消费大国的地位，但随着我国经济增速放缓、能源强度下降及能源类型多元化的发展特征，我国煤炭消费的增长将会受到一定程度的抑制，有关专家指出，未来煤炭需求年增长率可能约为 2.6%。

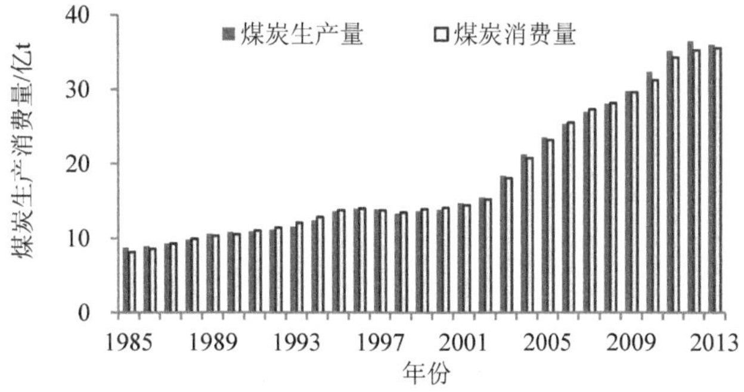

（a）1985—2013 年全国煤炭生产与消费量

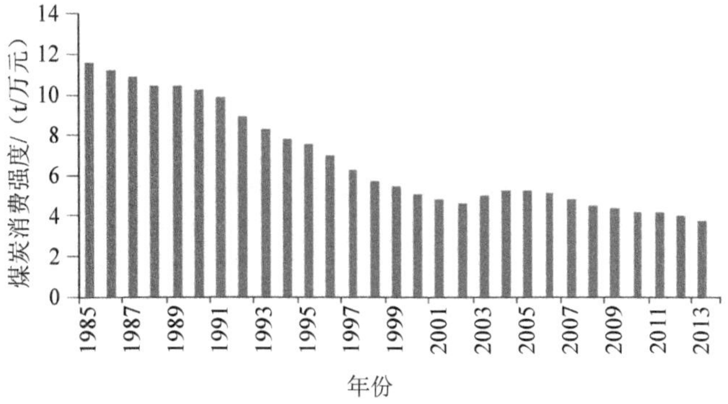

（b）1985—2013 年全国煤炭消费强度

图 4-1　1985—2013 年全国煤炭生产消费量与煤炭消费强度

4.2.1.2　全国及各省（市、自治区）煤炭消费强度

煤炭消费强度在一定程度上反映了煤炭利用效率的高低。我国煤矿地质条件复杂，开采条件较差，缺乏相应的技术装备，煤炭利用效率就更低。2012 年，我国煤炭系统总的有效利用率仅达到 31.71%，煤炭发电平均效率只有 35%。由图 4-1（b）可以看出，随着煤炭消费量的增加，对应的全国煤炭消费强度呈下降趋势，这也表明煤炭消费的增速小于经济增长速度，煤炭的经济效益有所提高。不过近年来煤炭消费强度已经有进入平台的趋势，这也从另一个侧面说明我国经济发展短期内对煤炭仍有一定的依赖性。

2000—2012 年，各省（市、自治区）的煤炭消费强度的统计结果可发现各地区之间明显的煤炭利用率差别（图 4-2）。所有省份的煤炭消费强度总体范围为 0.3～9.5 t/万元，海南、江苏、广东、浙江、福建等地的煤炭消费强度均在 1 t/万元以内，而山西、内蒙古、宁夏、贵州等地的煤炭消费强度均达到约 5 t/万元，其中宁夏的煤炭消费强度高达 7.5 t/万元以上。总体来说，中东部地区煤炭消费强度水平较低，而西部地区及东北部地区煤炭消费强度较大。就所有省份的变化趋势而言，大部分地区煤炭消费随时间推移基本呈下降趋势，但其中也不乏煤炭消费强度呈上升趋势的地区，比如新疆、陕西、青海等地。煤炭消费强度之所以存在地区差异，一方面与地区经济发展对煤炭的需求量有关，另一方面也与煤炭利用技术水平有关。此处煤炭消费强度的地区差异，体现了经济发达地区的煤炭利用率相对高于经济欠发达地区。

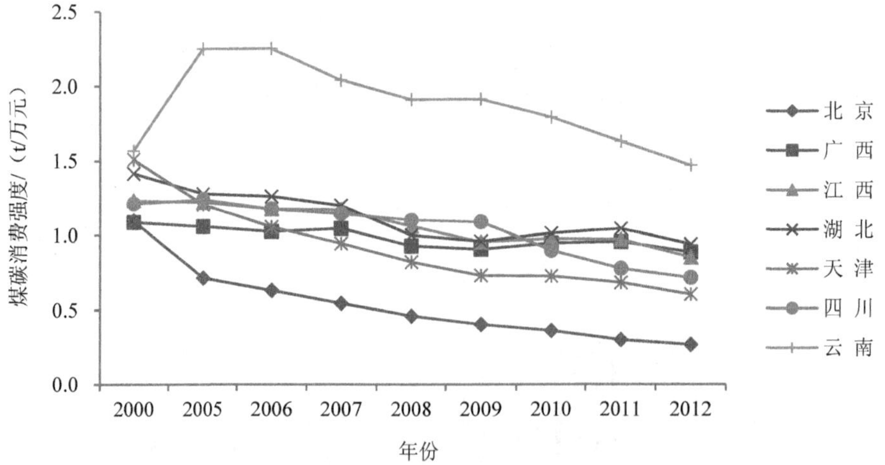

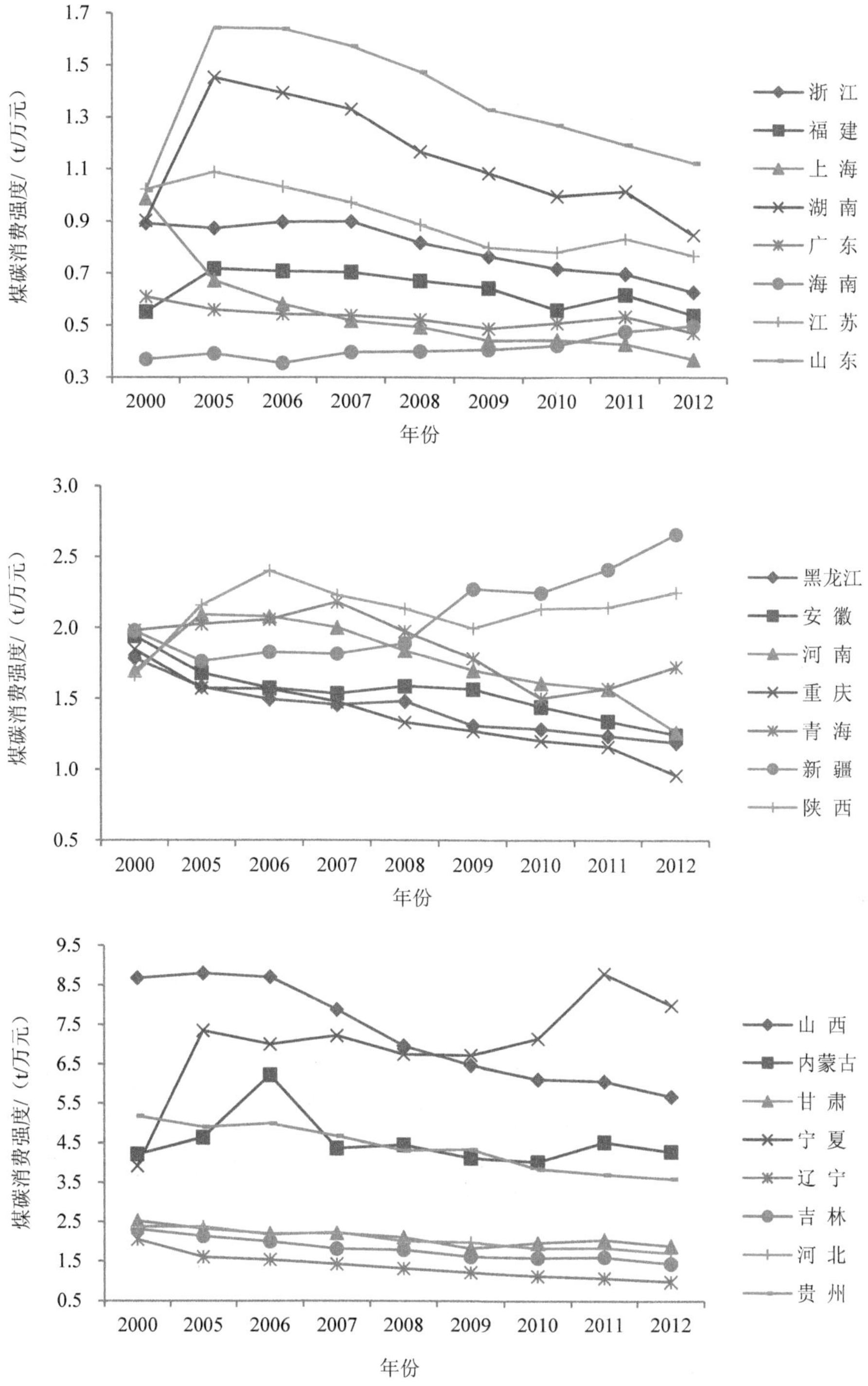

图 4-2　2000—2012 年各省（市、自治区）煤炭消费强度

4.2.2 煤炭消费的主体地位

我国是仅次于美国的世界第二大能源消费国，也是世界能源消费增长最快的国家之一，而在巨大的能源消费之中，煤炭消费一直持续占有 2/3 以上的份额，作为中国经济快速发展的重要支撑，以煤炭为主的能源消费结构决定了煤炭消费的主体地位（图 4-3），且在相当长时期内不会动摇。从图 4-3 可以看出，煤炭消费一直呈上升趋势，而在煤炭消费的增速上，约在 2001—2010 年，煤炭消费增速较快，而近几年煤炭消费增速趋于平缓，这也印证了不同的经济发展时期对煤炭的消费需求的差异性。而纵观历年来煤炭消费在能源消费中的占比变化（图 4-4），可发现除了近几年来煤炭消费占比下降到 70%以下，之前的年份中煤炭消费占比由 1978 年的 70.7%经历了上升期与下降期，首先经 10 余年上升至历史最高比例 79.5%，之后逐渐下降，且在每个五年计划内均有不同变化，较为巧合的是，“十五”期间由 71.9%上升至 74.1%后，“十一五”期末又降回 71.9%，这体现了我国对于煤炭消费的政策在经历鼓励发展和约束使用的变化。我国能源结构特点决定了至少在中长期内，煤炭仍是我国最主要的能源消费品种，在新能源发展还不成熟的阶段，煤炭消费比例会有平缓的下降趋势，但仍占据主导地位。

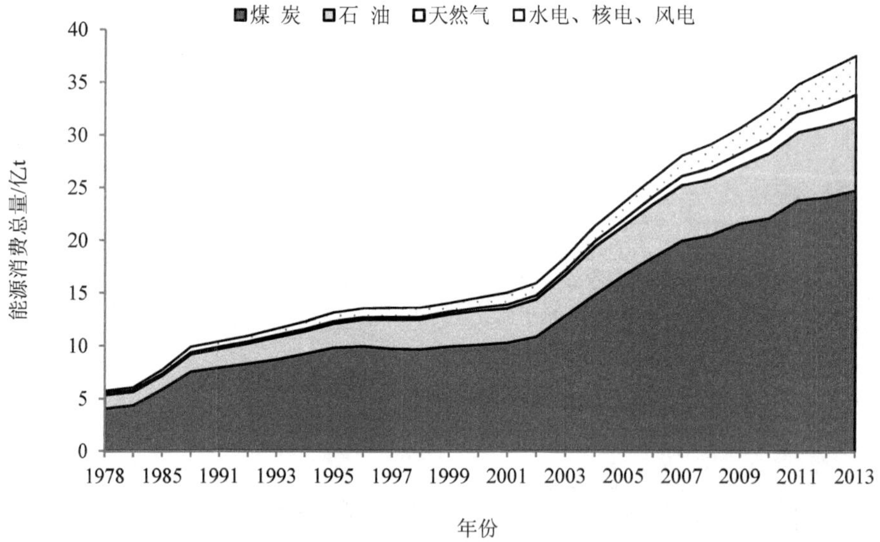

图 4-3 1978—2013 年中国能源消费总量及结构示意

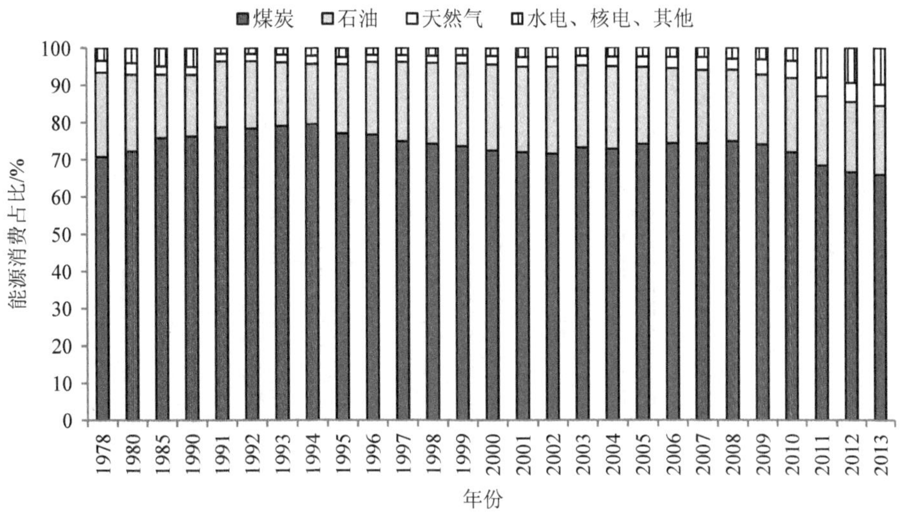

图 4-4　1978—2013 年各能源消费占比

4.2.3　煤炭消费布局状况

我国的煤炭消费分布广泛，但地区之间存在一定差异。若按宏观的煤炭消费分区，即东部包括辽宁、北京、天津、河北、山东、上海、江苏、浙江、福建、广东、海南 11 省（市），中部包括黑龙江、吉林、山西、安徽、湖北、湖南、河南、江西 8 省，其他属西部区域，那么经济发达的中东部煤炭消费量一直占有主体地位，煤炭消费占比约为 70%，西部地区则仅占 20%的比例（图 4-5（a）），不过随时间推移，西部的煤炭消费占比在增加，表明煤炭消费已经开始有地区上的向西转移的趋势。

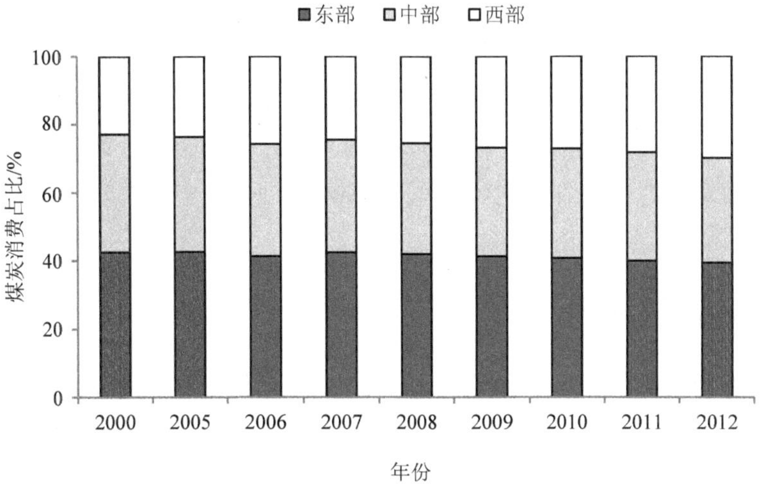

（a）东中西部煤炭消费占比

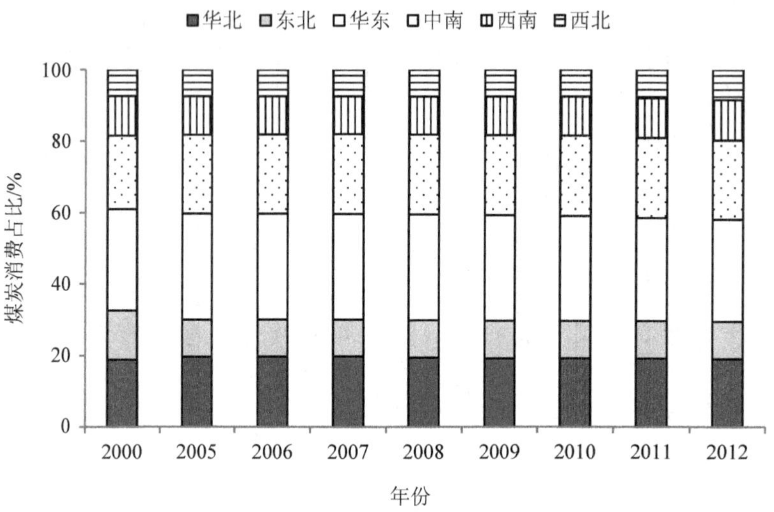

（b）分区煤炭消费占比

图 4-5 2000—2012 年分区域煤炭消费占比

从对应煤炭赋存地区划分方法的煤炭消费地区分布[图 4-5（b）]可见，煤炭消费主要集中在华东、华北、中南地区，其中华东地区煤炭消费占比最高，约为 30%。与煤炭资源赋存地区对比后可发现，华北、西北的主要煤炭赋存地位与华东的主体消费地位形成错位。由于煤炭消费地区分布和煤炭赋存地区不匹配、不协调的状况，也造成了全国产业布局差异，资源大范围运输问题。

除了区域间的煤炭消费存在差别，煤炭消费在各省（市、自治区）的布局上也存在一定差异。从 2012 年各省（市、自治区）的煤炭消费图（图 4-6）可以看出，煤炭消费量较大的 6 个省（自治区）包括山东、内蒙古、山西、河北、江苏、河南，且煤炭消费量均超过 20 万 t，其煤炭消费总量占全国的比例为 45%；而煤炭消费量较小的地区如青海、海南等地区仅消耗不到 1 000 t，地区之间差距较大。总结地区煤炭消费量之所以较大的原因，主要归结于人口数量大、经济增长需求高或资源禀赋好等方面。因而未来区域的煤炭消费总量控制不仅要从节约煤炭消费量上考虑，也要结合地区的实际人口、资源等条件进行综合考量。

4.2.4 煤炭消费结构特征

煤炭消费部门的复杂性使得不同行业煤炭消费所产生的影响也有差异。目前煤炭消费的结构主要分为电力耗煤和非电力耗煤，电力行业耗煤一直被认为是污染物的重要来源，而随着火电行业脱硫、脱硝、除尘等技术的进步与改善，以及国家对火电行业的“近零排放”的要求日趋加强，自“上大压小”基本完成之后，电力耗煤已经成为最清洁的煤炭利用方式，非电力耗煤已渐渐超越电力耗煤，成为主要的污染源。英国、德国和美国 80%～90%的电力耗煤占比说明其煤炭消费结构对于污染防治的重要意义，相比之下我国的电力煤耗占比还远远不够高。

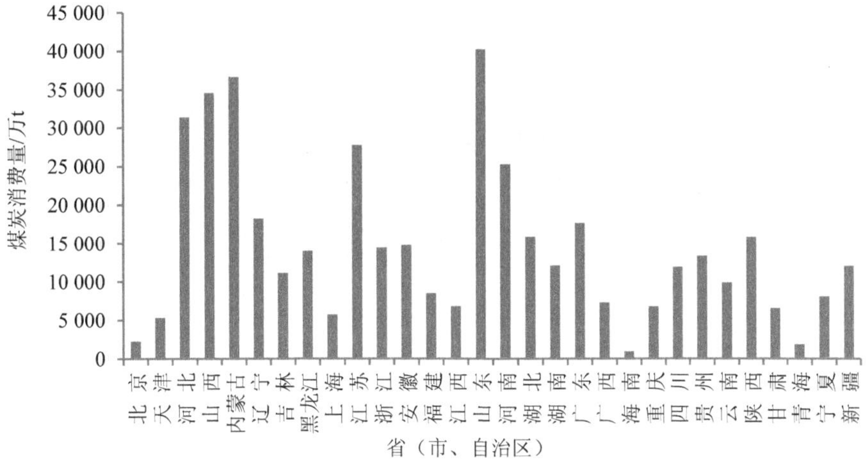

图 4-6　2012 年各省（市、自治区）煤炭消费量

1985—2012 年全国的电力耗煤量和非电耗煤量与占比如图 4-7 所示。可看出，随时间推动，电力耗煤量和非电耗煤量都在增加，但非电耗煤量一直大于电力耗煤。非电耗煤占比从 1985 年的近 79.85%降到 2012 年的 49.37%。对应电力耗煤的比例从最初的 20%上升到 2012 年的约 50%，说明电力耗煤的比例有所增加，虽然与发达国家相比还有一定差距，但从某个程度上来说，煤炭的清洁利用程度在不断增加。

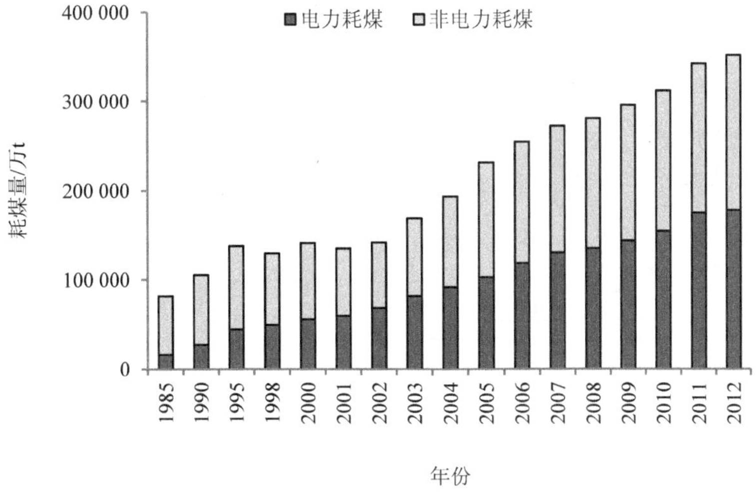

（a）电力和非电力耗煤量

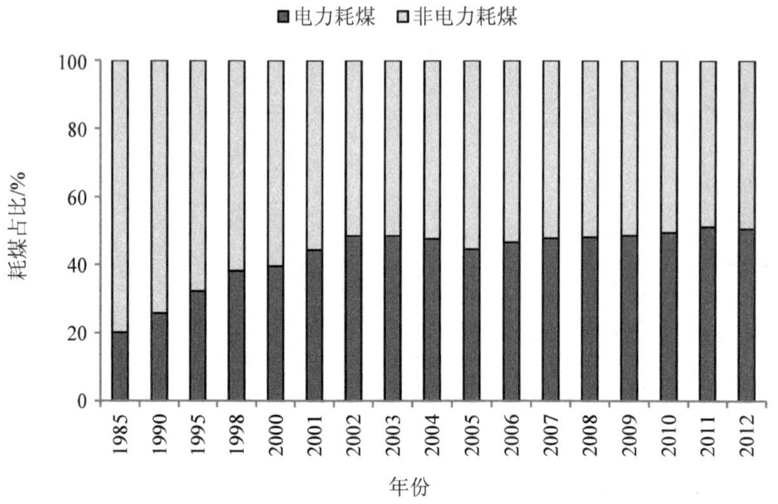

（b）电力和非电力耗煤占比

图 4-7 1985—2012 年全国电力耗煤与非电耗煤量与占比

为了深入分析区域的煤炭消费结构状况，根据历年来各省（市、自治区）煤炭平衡表，对 2000—2012 年各省（市、自治区）的煤耗结构变化趋势进行分析。由于涉及数据较多，此处仅呈现各省（市、自治区）电力耗煤占比的变化（图 4-8），对应的非电力耗煤比例变化趋势为其反向走势。

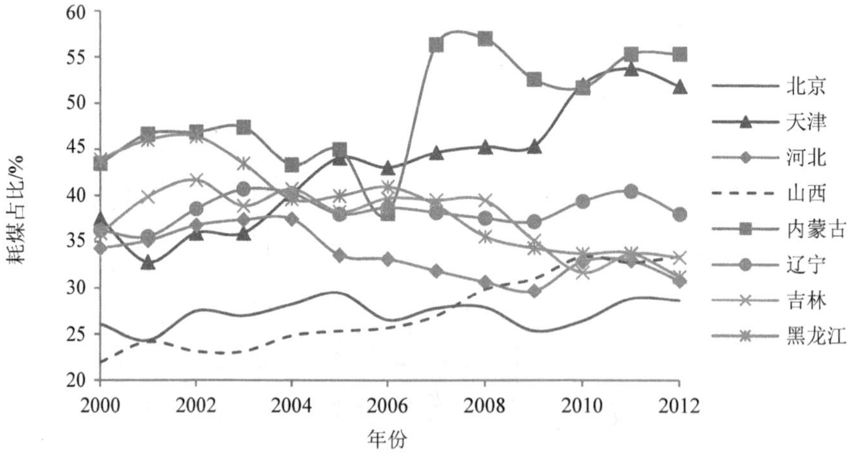

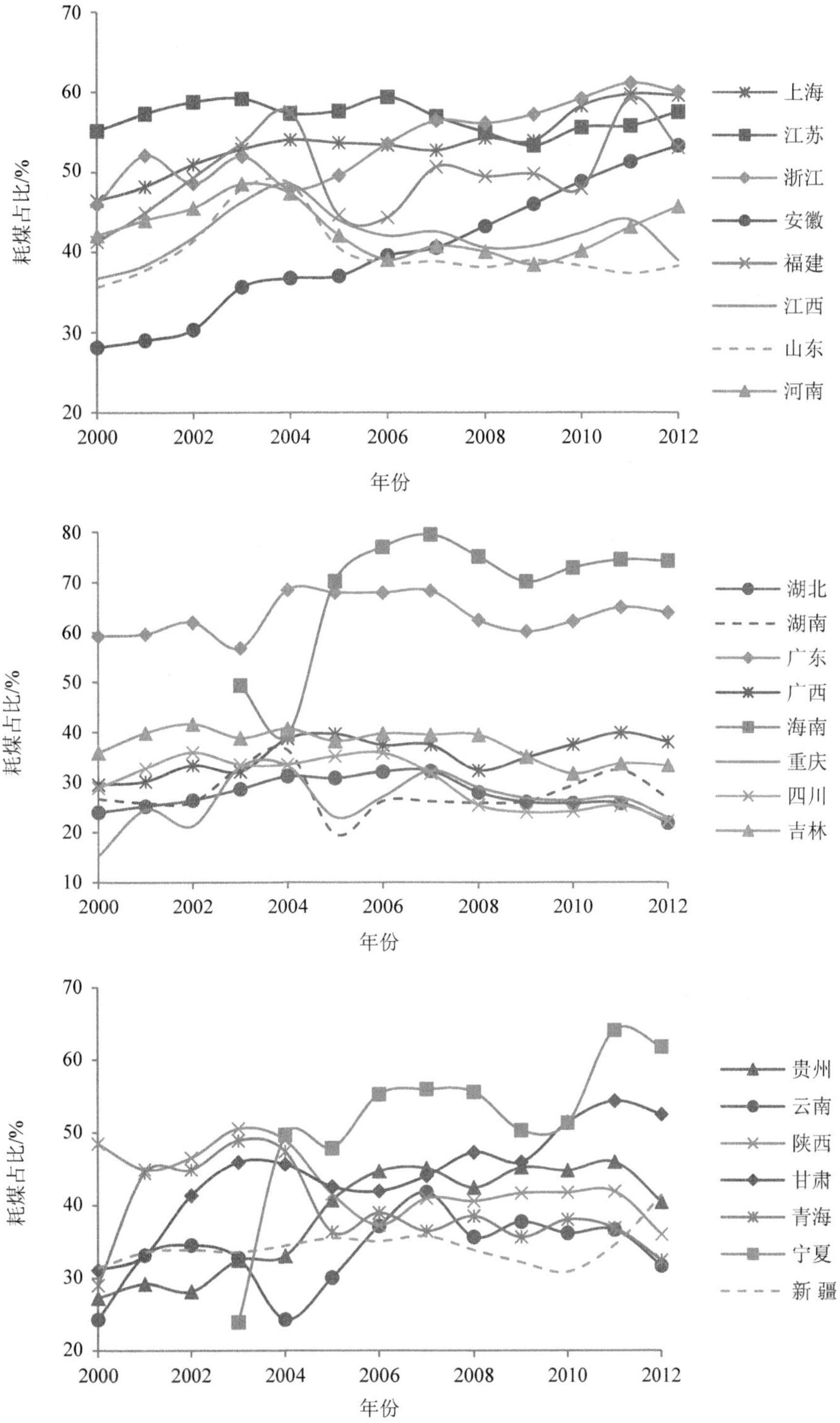

图 4-8　2000—2012 年各省（市、自治区）电力耗煤占比变化

从图 4-8 曲线总体走势来看，各地区电力耗煤比例变化趋势各异，但经总结，仍可得到一定的规律：①大多数的地区电力耗煤占比均呈上升趋势，总体呈下降趋势的地区主要有黑龙江、吉林、河北、四川、陕西等。②但要注意的是，自“十二五”后，即 2011 年之后，几乎所有地区的电力耗煤占比均有所下降，仅山西、内蒙古、江苏、安徽、山东、河南、新疆几个地区的比例在上升。③2012 年电力耗煤占比超过 50%的地区有海南、广东、天津、内蒙古、上海、江苏、浙江、安徽、福建、甘肃、宁夏，其他省份均回落在 30%～50%，大多在 40%左右。可见“十二五”有关燃煤火力发电的节能措施在大部分地区均取得一定的成效，但未来电力耗煤占比较低的地区在控制煤炭消费总量的同时，还需加强煤炭消费结构的调整。

为了进一步对比各省（市、自治区）耗煤组成，对 2000—2012 年的非电耗煤及电力耗煤量平均值及占比进行统计计算，可得出各地区的耗煤组成变化情况（图 4-9）。从耗煤量上来看，非电力耗煤量较大且超过 1 亿 t 的省份为山西、山东、河北、河南、内蒙古。电力耗煤量较大的地区为山东、江苏、内蒙古、河南、广东、山西等。从耗煤比例来看，大多数省份的非电力耗煤平均占比均超过 50%，超过 70%的地区依次为重庆、北京、山西、湖北、湖南、四川 6 个地区，而小于 50%的地区仅包括上海、江苏、浙江、广东、海南。电力耗煤平均值占比为 27%～65%，大多数地区占比为 27%～50%，超过 50%的地区依次为广东、海南、江苏、浙江、上海 5 个省份，其中广东、海南的电力耗煤量均值占比分别达 63.38%、62.18%。

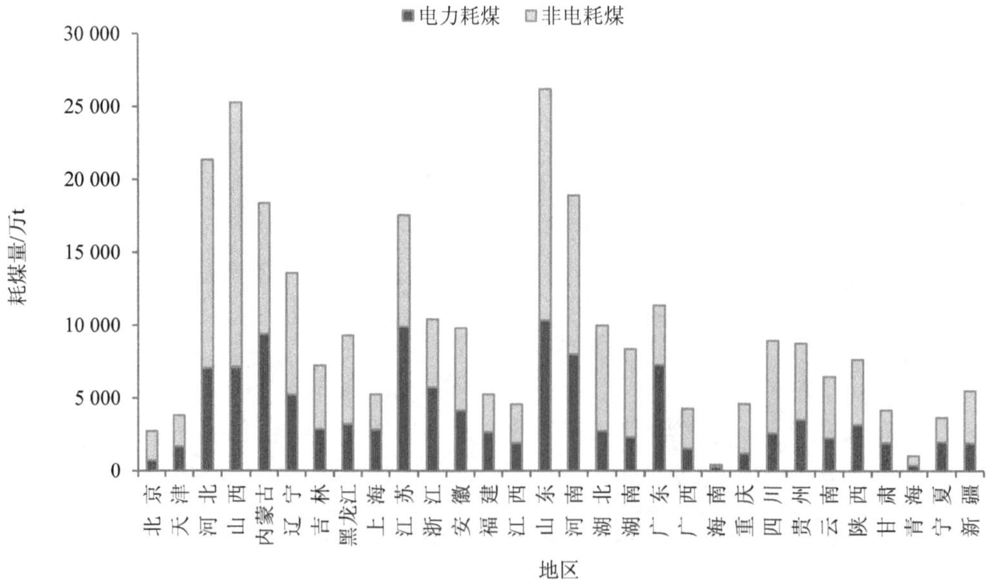

（a）2000—2012 年非电力耗煤及电力耗煤量平均值

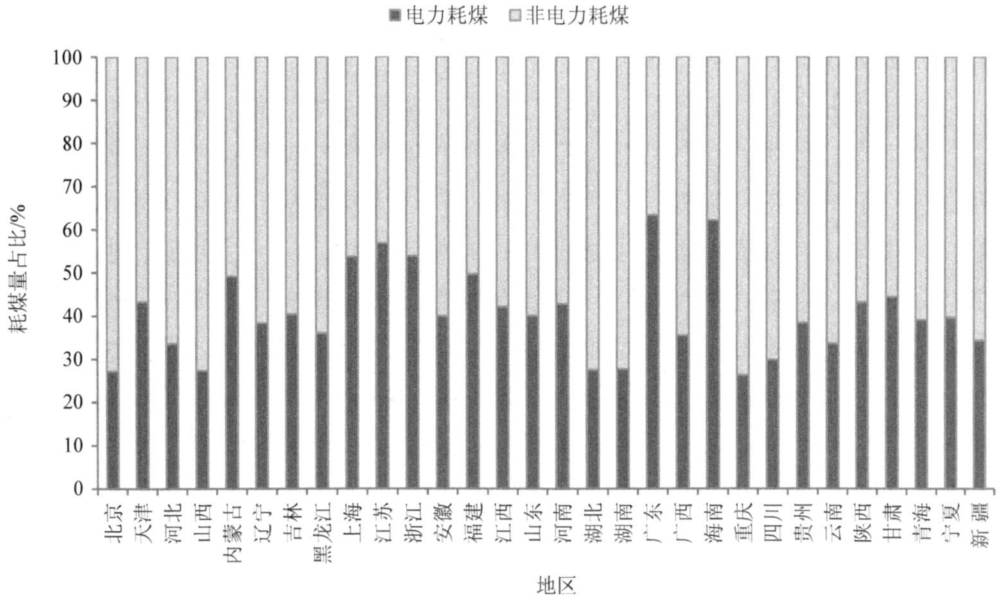

（b）2000—2012 年电力耗煤、非电力耗煤平均值占比

图 4-9　2000—2012 年各省（市、自治区）电力耗煤、非电力耗煤量年平均值与占比

总之，目前广东、海南、天津、内蒙古、上海、江苏、浙江、安徽、福建、甘肃、宁夏为相对较高电力耗煤占比地区，湖北、湖南、重庆、四川、北京、河北、山西及东北地区、云贵陕等为非电力耗煤占比较高的地区。在非电力耗煤中，除了工业用煤占比较大之外，湖北、湖南、重庆、四川等偏西南部地区主要用于洗选及炼焦，而吉林、黑龙江等偏东北地区在供热上是煤耗主力，其次是炼焦与洗选。北京非电力耗煤主要为供热及炼焦，河北主要用于炼焦与洗选，供热与生活消费占比也在前列，山西、云贵陕地区则主要用于炼焦。考虑到未来除煤炭消费总量控制之外的煤炭消费向电力部门的流动趋势，建议这些地区可以作为调整煤炭消费结构的重点地区。

4.3　煤炭消费政策趋势

4.3.1　概述

煤炭消费总量控制政策是我国的主要煤炭消费政策，也是节能政策的重要内容。而在能源消费向优质、高效、环保方向发展的引导下，我国的节能政策也渐渐从控制能源消费转向促进能源合理消费，注重从技术可行性角度提高能源效率、经济效益。优化能源消费结构的政策，提倡通过对一次能源煤炭消费的控制，促进煤炭向电力及燃气的转换，加强煤炭的高效化、清洁化利用，加大对石油、核、天然气等能源的勘探投入，提高新能源与可再生能源的消费比例。

在煤炭总量控制政策上，我国已经具有一定的实践基础，《关于推进大气污染联防联控工作改善区域空气质量的指导意见》中明确提出了“严格控制重点区域内燃煤项目建设，开展区域煤炭消费总量控制试点工作”的内容。并且，目前北京、天津、乌鲁木齐等城市，在改善空气质量上，也已经开始了煤炭消费控制措施的实施工作，主要包括建立煤炭消费总量控制及对应的煤炭消费跟踪监测、预警和考核机制，燃煤电厂和燃煤供热锅炉治理，确保达到控煤减排的效果。此外，我国从“十二五”开始将能源消费总量控制指标分解到各行政区，也对各地的煤炭消费形成了一定的制约。实践表明，实施煤炭消费控制，对于由燃煤产生的大气污染物的减排及空气环境质量的改善均有重要作用。原环境保护部表示，“十二五”期间将在京津冀、珠三角、长三角及山东城市群开展煤炭消费总量的控制试点。另外，政府也开始对上述重点试点区域实施严格审批燃煤项目建设，严格控制煤炭消费总量增长速度，争取煤炭消费总量“零增长”。

4.3.2 重要政策

为落实《大气污染防治行动计划》等相关文件中所提出的大气污染防治目标，国家也在不同政策文件中从不同角度对煤炭消费相关政策提出了如下条款。

（1）能源发展“十三五”规划

在总量上，“十三五”发展目标为能源消费总量控制在 50 亿 t 标准煤以内，煤炭消费总量控制在 41 亿 t 以内，在能源消费结构上，煤炭消费比重降低到 58% 以下。发电用煤占煤炭消费比重提高到 55%以上，煤电平均供电煤耗下降到每千瓦时 310 g 标准煤以下，单位国内生产总值 CO_2 排放比 2015 年下降 18%。能源行业环保水平显著提高，燃煤电厂污染物排放显著降低，具备改造条件的煤电机组全部实现超低排放。开展煤炭消费减量行动。严控煤炭消费总量，京津冀鲁、长三角和珠三角等区域实施减煤量替代，其他重点区域实施等煤量替代。提升能效环保标准，积极推进钢铁、建材、化工等高耗煤行业节能减排改造。全面实施散煤综合治理，逐步推行天然气、电力、洁净型煤及可再生能源等清洁能源替代民用散煤，实施工业燃煤锅炉和窑炉改造提升工程，散煤治理取得明显进展。

（2）能源行业加强大气污染防治工作方案

到 2017 年年底，煤炭消费占比降到 65%以下；通过逐步降低煤炭消费比重，提高京津冀、长三角、珠三角区域和山东省接受外输电的比例，努力实现煤炭消费总量负增长；北京、天津、河北和山东的煤炭消费量需要分别减少 1 300 万 t、1 000 万 t、4 000 万 t 和 2 000 万 t。具体措施包括：加强分散燃煤治理，推进民用清洁燃煤供应和燃煤设施清洁改造；截至 2017 年年底前，北京、天津和河北基本建立以县（区）为单位的全密闭配煤中心、覆盖所有乡镇村的清洁煤供应网络，洁净煤使用率达到 90%以上。推动煤炭高效清洁转化，加强煤炭质量管理，稳步推进煤炭深加工产业发展升级示范。2017 年，原煤入选率达到 70%以上，提高煤制气产量及煤制油产量，使煤炭深加工示范项目综合能效达到 50%左右。

（3）煤电节能减排升级与改造行动计划（2014—2020 年）

加快燃煤发电升级与改造，努力实现供电煤耗、污染排放、煤炭占能源消费比重“三降低”、电煤占煤炭消费比重“三提高”，打造高效清洁可持续发展的煤电产业“升级版”，具体目标为全国新建燃煤发电机组平均供电煤耗低于 300 g 标准煤/（kW·h），各地区新建机组接近或达到燃气轮机组排放限值；到 2020 年，现役燃煤发电机组改造后平均供电煤耗低于 310 g/（kW·h），其中现役 60 万 kW 及以上机组（除空冷机组外）改造后平均供电煤耗低于 300 g/（kW·h）。东部地区现役 30 万 kW 及以上公用燃煤发电机组、10 万 kW 及以上自备燃煤发电机组及其他有条件的燃煤发电机组，改造后大气污染物排放浓度基本达到燃气轮机组排放限值。在执行更严格能效环保标准的前提下，到 2020 年，力争使煤炭占一次能源消费比重下降到 62%以内，电煤占煤炭消费比重提高到 60%以上。

（4）国家应对气候变化规划

调整化石能源结构。合理控制煤炭消费总量，加强煤炭清洁利用，优化煤炭利用方式，制定煤炭消费区域差别化政策，大气污染防治重点地区实现煤炭消费负增长。加快石油、天然气资源勘探开发力度，推进页岩气等非常规油气资源调查评价与勘探开发利用。积极开发利用海外油气资源。继续推进煤层气开发利用。

（5）能源发展战略行动计划（2014—2020 年）

到 2020 年，一次能源消费总量控制在约 48 亿 t 标准煤，煤炭消费总量控制在约 42 亿 t。积极发展天然气、核电、可再生能源等清洁能源，降低煤炭消费比重，推动能源结构持续优化。到 2020 年，非化石能源占一次能源消费比重达到 15%，天然气比重达到 10%以上，煤炭消费比重控制在 62%以内。在具体区域煤炭消费控制方面，提出要使京津冀鲁 4 省（市）煤炭消费比 2012 年净削减 1 亿 t，长三角和珠三角地区煤炭消费总量负增长。

（6）重点地区煤炭消费减量替代管理暂行办法

除北京、天津、河北、山东所设定的削减目标外，上海、江苏、浙江、广东要于 2015 年 6 月底前，研究提出煤炭消费减量目标，重点地区要制定煤炭减量替代工作方案，明确煤炭减量年度目标，并分解落实到各市（区）县和重点耗煤行业、企业。具体措施可以从几个项目入手，包括淘汰效率低、煤耗高、污染重的项目、加快燃煤电厂升级改造及燃煤锅炉改造，“煤改气”“煤改电”项目及焦化、煤化工、工业窑炉煤炭清洁高效利用改造项目等。

从以上所有政策不难发现，煤炭消费总量控制政策仍是当前的重点，且更加深入细化，开始重视区域的煤炭消费总量控制。另外，煤炭的消费结构调整也是重点，重视燃煤向电力、天然气的转化，从而也促进煤炭替代措施的落实。散煤燃烧治理、锅炉改造等都考虑到大气污染影响，可见煤炭消费政策也在将大气环境作为煤炭消费的前提约束条件，作为调控区域煤炭消费量的重要依据，以促进煤炭的合理消费。

第 5 章　煤炭消费总量分析

中国是世界煤炭生产和消费第一大国。以煤炭为主的能源结构支撑了中国经济的高速发展，但同时也对生态环境造成了严重的破坏。近年来，由煤炭消费所造成的大气环境问题越发严重，煤炭消费总量控制手段对于治理环境具有至关重要的意义。控制煤炭消费总量不仅是解决中国能源环境问题的有效途径，也是转变经济发展方式、调整产业结构的重要推动力。而对煤炭消费的布局研究，是实施区域煤炭消费总量控制的前提条件之一，有利于细化煤炭消费总量控制工作，从而自下而上地改善全国环境空气质量。

5.1　煤炭消费的约束条件

我国煤炭消费的主要驱动因素是区域经济增长，生态环境方面的主要约束包括区域空气质量红线约束、水土保持条件约束、温室气体减排红线约束。水土保持和水资源约束主要针对煤炭生产环节而非煤炭消费环节，且对各省（市、自治区）的水资源已有相关政策规划明确量化约束，暂不在本书讨论范围。因此本书将煤炭消费的主要约束条件归结为以下 3 条，即碳减排约束、环境空气质量约束和区域经济发展约束。

（1）环境空气质量改善约束

我国广大中东部地区和西部耗煤地区，区域复合型大气污染形势严峻，空气质量超标严重，雾霾频发，而最主要的原因在于煤炭消费。根据煤控课题组相关研究，燃煤设备和耗煤工业占大气污染物排放总量的 60%～90%；煤炭消费对环境 $PM_{2.5}$（含一次和二次 $PM_{2.5}$）年均浓度的贡献高达 50%～60%。

污染物减排是空气质量改善的首要条件，而单位煤耗污染物排放强度下降面临技术可行性和经济可行性的制约，在短期内无法实现，因而煤炭消费总量控制是实现污染物排放量削减的必由之路。控制煤炭消费是确保空气质量达标的前提。换言之，我国煤炭消费面临环境空气质量约束。

（2）碳减排约束

我国已承诺单位 GDP 碳排放 2020 年比 2005 年下降 40%～45%，2030 年比 2005 年下降 60%～65%。根据英国 BP 的相关测算，我国碳减排的实现不仅依赖于能源消费总量的逐步下降，更依赖于能源消费结构的改善，即重点在于煤炭消费总量的下降。因此，碳减排是我国煤炭消费的一大约束。

碳减排约束主要针对全国层面，但随着碳交易市场的推进会逐步落实地方政府责任。本研究将针对碳排放约束，在全国层面对应确定煤炭消费总量控制目标。

（3）区域经济发展约束

过去几十年我国经济的高速增长也伴随着我国能源消费的高速增长，能源为经济发展和城市化、工业化进程提供了动力。而我国能源消费结构中煤炭消费的占比稳居第一，达65%以上。近些年，随着“能源发展战略”和“大气污染防治行动计划”等政策的出台，清洁能源和其他替代性能源的发展得到了鼓励，但煤炭消费的总体占比依然较高。煤炭消费依然是当地经济发展和城市化进程的主要动力，这一特点在中西部地区表现尤为明显。因此，当地煤炭消费总量目标的确定离不开区域经济发展这一约束条件。

5.2 大气污染约束分析

5.2.1 大气污染物的排放情景

考虑到不同角度下的污染物排放控制策略有别，因此本研究对全国大气污染物的排放控制从国家相关规定以及实际的环境质量要求两方面建立宏观情景。

①政策情景。主要基于国家相关的环保规划内容，按照国家下达的污染物总量控制要求，“十二五”期间 SO_2 分别减排 8%，重点区域内 SO_2、工业烟粉尘排放量分别下降 12%、10%。对此，结合重点区域减排目标，在政策情景的基础上，按照“十二五”规划中的比例为基准做倍数计算，分别对 2020 年、2030 年的不同污染物排放设置低、中、高 3 种情景的减排目标，以此计算最终的大气污染物排放控制目标。

②环境质量达标情景。主要基于环境质量达标的相关研究，有研究指出要使我国 80%以上城市空气质量达到《环境空气质量标准》（GB 3095—2012）二级标准的要求，至少要使我国二次颗粒物的气态前体物和一次颗粒物的排放量在 2010 年的基础上削减 40%～50%；另一研究指出，以全国城市 $PM_{2.5}$ 达标为约束条件，全国 SO_2、一次 $PM_{2.5}$ 的环境容量分别约为 1 360 万 t、620 万 t，与 2010 年排放水平相比，需要分别降低约 40%、50%。如此，若要实现我国 2030 年城市空气质量全面达标的目标，考虑到分步实施的过程，并用烟粉尘排放量代替 $PM_{2.5}$，2020 年应实现 SO_2 和烟粉尘的排放量相比 2010 年分别下降约 20%、26%，即排放量控制在 1 800 万 t 和 945 万 t。低、中、高情景下对大气污染物约束的目标情况如表 5-1 所示。

表 5-1　不同情景下的大气污染物控制目标

情 景	污染物种类项目	2010 年现状值/万 t	2020 年			2030 年		
			低目标	中目标	高目标	低目标	中目标	高目标
政策情景	SO_2	2 185.1	−16%	−20%	−24%	−32%	−40%	−48%
			1 835.5	1 748.1	1 660.7	1 485.9	1 311.1	1 136.3
	颗粒物	1 277.8	−18%	−24%	−28%	−36%	−40%	−56%
			1 047.8	971.1	920	817.8	766.7	562.2
环境质量达标情景	SO_2	2 185.1	减排 20%　1 800			减排 38%　1 360		
	颗粒物	1 277.8	减排 26%　945			减排 51%　620		

5.2.2　大气污染物排放与煤炭消费之间的关系

（1）大气污染物排放与煤炭消费总量之间的关系

研究采用 1990—2013 年的 SO_2 排放量、2003—2013 年的烟粉尘排放量数据分别与相应年份的煤炭消费量数据构成面板数据集，以煤炭消费量 x（亿 t）为自变量，污染物排放量 y（万 t）为因变量，采用 Matlab 进行数据拟合，可分别得到相关系数较高的方程式（表 5-2）及最高相关度下的模拟图（图 5-1）。可见污染物与煤炭消费之间的关系拟合度均较高，结合预测的方便性及准确性要求，采用软件拟合情况下的一元二次方程。

表 5-2　大气污染物排放总量与煤炭消费总量的关系

污染物种类	模拟方程	相关系数
SO_2	$y = -3.31x^2 + 183.47x - 238.74$	$R^2 = 0.924\ 9$
	$y=0.003x^5-0.353x^4+16.120x^3-354.969x^2+3\ 831.598x-14\ 622.338$	$R^2 = 0.935$
	$y=-8\times10^{-6}x^8+0.001\ 4x^7-0.103\ 9x^6+4.22x^5-103.24x^4+1\ 557.79x^3-14\ 148.09x^2+70\ 901.66x-149\ 587.68$	$R^2 = 0.953$
烟粉尘	$y = 0.299x^2-71.7x+3\ 377.36$	$R^2 = 0.935\ 6$
	$y = 0.773x^3-62.82x^2+1597.72x-10\ 889.18$	$R^2 = 0.982\ 8$
	$y=-0.019\ 5x^5+2.67x^4-143.43x^3+3\ 771.49x^2-48\ 596.05x+247\ 718.98$	$R^2 = 0.996$

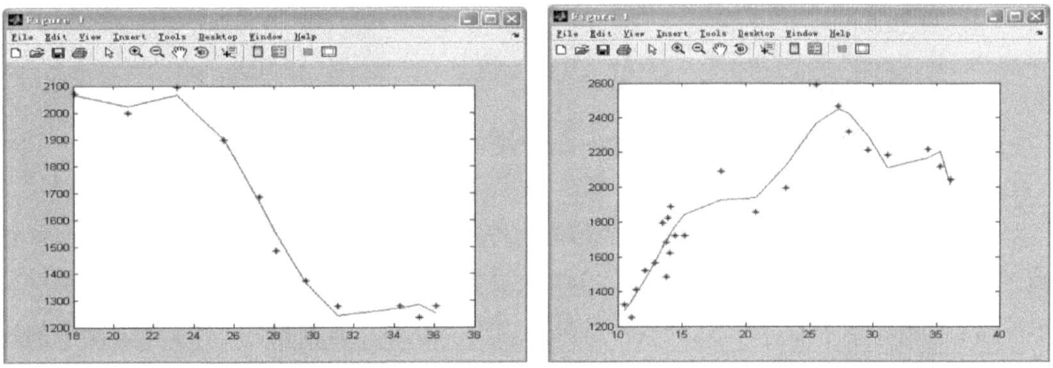

（a）SO_2 拟合图　　（b）烟粉尘拟合图

图 5-1　大气污染物与煤炭消费关系的相关度最高的拟合图

（2）大气污染物排放与煤炭消费结构之间的关系

煤炭消费的部门不同，对污染物排放的影响程度不同，即不同形式的煤炭消费对大气污染物的贡献度有差别。为了进一步细化煤炭消费结构，即煤耗总量的组成部分对污染物排放的影响，将煤炭消费分为电力耗煤和非电力耗煤两部分，分别绘制其单位煤炭消费产生的污染物量，即单位煤费污染物排放强度，以此体现不同煤炭消费形式下的污染物排放差异。

图 5-2 为电力耗煤和非电力耗煤对大气污染物排放的影响，体现了不同的煤炭消费形式下大气污染物的排放变化趋势，总体看来，非电力耗煤的污染物排放强度要大于电力耗煤的污染物排放强度，且燃煤污染物排放强度总体都在下降。其中，SO_2 在经历了非电力耗煤和电力耗煤之间的燃煤排放强度的浮动抗衡之后，非电力耗煤成为污染物排放的主要来源，这可能与 SO_2 的治理措施较早实施，且火电厂 SO_2 排放控制取得成效有关。而对于烟粉尘，非电力耗煤排放强度一直大于电力耗煤排放强度。烟粉尘的非电力耗煤排放强度和电力耗煤的排放强度有缩小差距的趋势，从 2003 年的 15.68 kg 烟粉尘/t 煤下降到 2012 年的 4.57 kg 烟粉尘/t 煤，这说明非电力行业的烟粉尘排放得到一定治理，或者也可推测，烟粉尘本身的主要来源并不是电力行业，所以非电力行业的烟粉尘排放治理能够迅速取得成效。

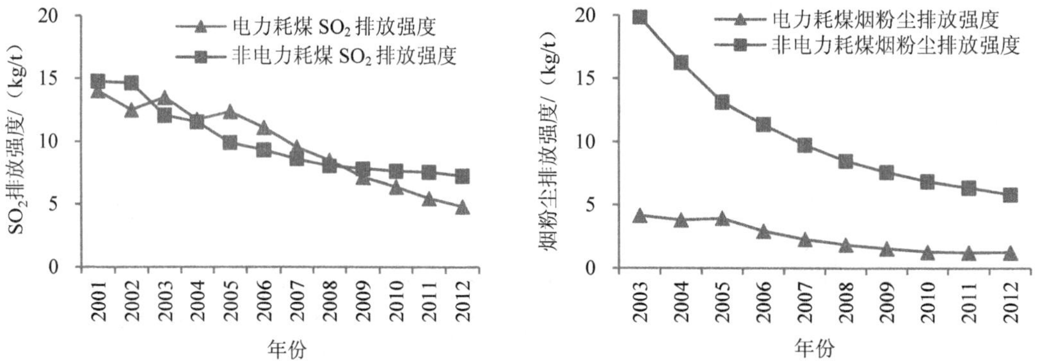

（a）燃煤 SO_2 排放强度　　（b）燃煤烟粉尘排放强度

图 5-2　全国大气污染物与电力耗煤、非电力耗煤之间的关系

另外，从电力耗煤和非电力耗煤的污染物排放强度可看出，大气污染物与煤炭消费结构之间有不同程度的联系，从污染物的主要来源来说，相比于电力行业耗煤清洁化程度逐步提高的情况，由于非电力行业燃煤尤其是民用燃煤的难治理问题，导致由燃煤造成的污染十分严重，大气污染物与非电力耗煤量存在更为密切的关系。鉴于各省的非电力行业的污染物排放量并不明确，因此，还不能确定其明确关系，唯有从定性层面做描述，不过从全国的电力与非电力耗煤的污染物排放水平，可以推测的是，各地区的非电力煤炭消费对污染物的排放贡献度会普遍高于电力耗煤。

（3）量化关系分析

关于大气污染物与煤炭消费之间的关系分析，主要从验证关系式对二者之间关系的解释能力及阐述关系式本身的内涵两方面进行。利用 SO_2 和烟粉尘排放和煤炭消费之间所建立的关系均依托相当量的数据，在验证这种关系的解释能力时，考虑到其他验证方法的适用性差异，在运用上对所采集数据的属性有特定要求，故本研究仅从相关度 R^2 上来区别不同地区的方程式解释变量关系，R^2 越大，说明拟合程度越高，方程式的解释能力越强，反之，方程式解释变量之间关系的能力越小。

按照传统的相关值划分方法，可把 $0.9<R^2<1$ 的地区定为显著相关区域，$0.8<R^2<0.9$ 的地区定为高度相关区域，$0.6<R^2<0.8$ 的地区定为中度相关区域，$0<R^2<0.6$ 的地区定为低相关区域。那么，从全国大气污染物排放量与煤炭消费量之间的关系来看，以散点图拟合的 SO_2 和煤炭消费之间的关系以一元二次函数关系相关度最高，超过 0.8，说明一元二次函数能高度解释二者的关系；烟粉尘和煤炭消费之间的关系，均为高相关函数关系，其中以指数函数相关度最高。而通过 Matlab 进行拟合，两种污染物排放与煤炭消费之间的关系均可用相关度超过 0.9 的一元二次或多次方程进行解释。综合考虑，后文用于全国煤炭消费预测的关系式均采用 Matlab 拟合下的一元二次方程。

从全国层面，SO_2、烟粉尘排放量与煤炭消费量的关系式分别呈倒 U 形和正 U 形曲线，节点分别在 28 亿 t 和 64 亿 t，不同点在于，在各自的节点之前，SO_2 的排放量随煤炭消费的增加而上升，烟粉尘则随煤炭消费量的增加而下降，不同污染物拐点值的意义的不同使得污染物排放量约束条件对应的煤炭消费量控制目标也存在一定差异，需要进一步的均衡统一。

5.3　碳减排约束分析

5.3.1　碳减排约束目标分析

根据碳排放现状，中国的碳减排目标为：2020 年单位 GDP 二氧化碳排放比 2005 年下降 40%～45%，2030 年单位 GDP 二氧化碳排放比 2005 年下降 60%～65%；即碳强度到 2020 年和 2030 年分别比 2005 年下降 40%～45%和 60%～65%。

5.3.2　碳排放的 EKC 实证分析

环境库兹涅茨曲线（EKC）一般以表征经济发展的变量（如人均收入）为横坐标，以表征环境质量的变量（如污染物排放量）为纵坐标，来直观显示经济发展与环境污染之间的关系。经典的 EKC 呈现倒 U 形，意味着环境状况随着经济增长先是恶化而后得到逐步改善。对这种关系的理论解释主要是围绕规模效应、技术进步和结构效应。

本书此处将规模效应、技术进步和结构效应 3 大效应简单记为规模因素 *Y*、结构因素 *S* 和技术因素 *T*。基于研究需要和数据可得性，选取了 1990—2015 年的年度数据，人口和经济指标的数据取自世界银行（WB）数据库，碳排放的数据取自 BP①。其中，GDP 的统计量均采用基于 PPP 购买力平价法的 2011 年不变价国际美元，能耗指标采用国际统一的油当量。指标选取及说明详见表 5-3，更多详情可参见世界银行和 BP 全球的网站。

表 5-3 指标选取与数据说明

指标	符号	单位	含义	数据来源
碳排放总量	*CE*	t CO_2	二氧化碳排放总量	BP
人口	*P*	人	地区总人口数	WB
人均碳排放	*C*	t CO_2/人	人均二氧化碳排放量，*CE*/*P*	计算
人均 GDP	*Y*	美元/人	人均 GDP(PPP 购买力平价 2011 年不变价国际美元)	WB
第三产业占比	*S*	%	服务业增加值占当年 GDP 的比重	WB
单位能耗 GDP	*T*	美元/kg 油当量	单位能耗 GDP（2011 年 PPP 美元/kg 油当量）	WB

基于我国 1990—2015 年的数据，实证研究我国 CO_2 排放的环境库兹涅茨曲线，得到图 5-3。从图 5-3 中可以看出，我国 CO_2 的 EKC 曲线符合倒 U 形的典型形状，预计在人均 GDP 16 500 美元附近达到峰值拐点。

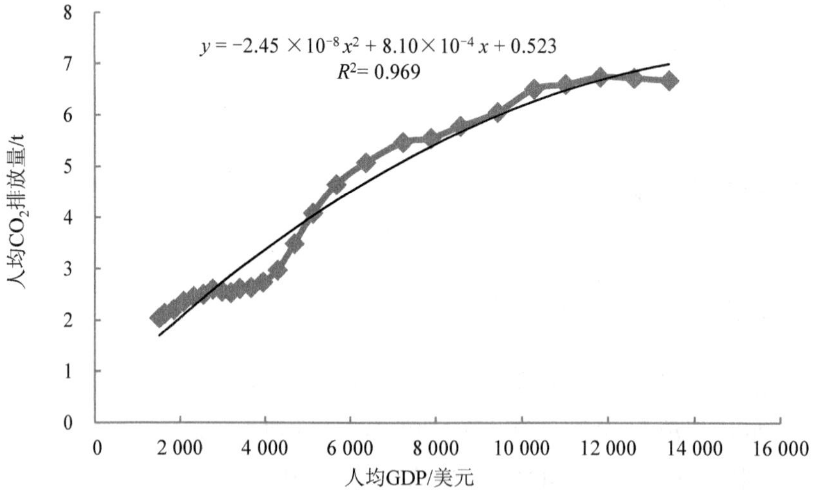

图 5-3 二氧化碳的环境库兹涅茨曲线

① BP 对其公布的碳排放数据作了说明：此处 CO_2 排放量的数据仅反映了能源消费引起的 CO_2 排放，未包含其他来源。

基于规模因素 Y、结构因素 S、技术因素 T 3 大因素 1990 年以来的年度数据，对人均碳排放量 C 做实证分析。通过 SPSS 软件得到的回归分析结果如表 5-4 所示。

表 5-4　三因素回归分析结果

$\ln C=\alpha+\beta_1 \ln Y+\beta_2 \ln S+\beta_3 \ln T+\varepsilon$	非标准化系数		标准系数	t 检验		F 检验		调整 R^2
	B	标准误差	Beta	t 值	Sig.	F 值	Sig.	
（常量）	−6.599	0.861		−7.663	0.000	480.873	0.000	0.984
$\ln Y$	1.099	0.065	1.635	16.897	0.000			
$\ln S$	−0.007	0.304	−0.002	−0.023	0.982			
$\ln T$	−1.025	0.134	−0.700	−7.645	0.000			

回归方程拟合效果较好，调整后的判定系数（调整 R^2）为 0.984，表示自变量能够解释因变量变差的 98.4%。从回归方程的显著性检验看，F 检验 P 值（Sig.）显示为 0.000，表示在 0.01 的显著性水平下可通过检验。从回归系数的显著性检验看，规模效应和技术效应的显著性较好，但结构效应的显著性欠佳。在这里，对于结构效应的阐释需谨慎，不能直接简单理解为结构效应或产业结构无足轻重，因为存在交互效应或者说协同效应，而本书中并未对交互效应做全面考察，相关内容可补充参阅相关论文。本书此处对未通过系数显著性检验的结构效应持谨慎态度，不完全忽略结构效应对碳排放的负向贡献作用。

在此部分，基于以上回归方程做前景预测，简单设立Ⅰ、Ⅱ、Ⅲ、Ⅳ、Ⅴ五种情景分析。情景Ⅰ、Ⅱ、Ⅲ分别对应规模因素 Y（人均 GDP）、结构因素 S（第三产业占比）、技术因素 T（单位能耗 GDP）3 因素分别变动 1%而其他保持不变。情景Ⅳ设定为基础情景，按现状保持惯性趋势发展，规模因素 Y、结构因素 S、技术因素 T 的变动百分数均为近 5 年即 2011—2015 年年均增长率的算术平均值[①]。情景Ⅴ设定为消极情景，类似压力测试中的极端恶化情景，规模因素 Y、结构因素 S、技术因素 T 的变动百分比分别为 3 因素在 1990—2015 年年增长率的最大值、最小值、最小值。情景分析的结果详见表 5-5。

表 5-5　情景分析结果

回归方程	情景	规模因素 Y 变动（人均 GDP）/%	结构因素 S 变动（第三产业占比）/%	技术因素 T 变动（单位能耗 GDP）/%	因变量 C 变动（人均碳排放量）/%
$\ln C=-6.599+1.099\times\ln Y-0.007\times\ln S-1.025\times\ln T$	Ⅰ	1	0	0	1.099
	Ⅱ	0	1	0	−0.007
	Ⅲ	0	0	1	−1.025
	Ⅳ	7.29	2.70	1.26	6.701
	Ⅴ	13.60	−2.94	−4.18	19.251

① 计算年均增长率的均值时，此处采用了算术平均值。算术平均是年均增长率的无偏估计，数学性质较好；几何平均更适合复利增长的实际值的计算。

在其他条件保持不变的情况下，规模因素 *Y*（人均 GDP）、结构因素 *S*（第三产业占比）、技术因素 *T*（单位能耗 GDP）分别每增加 1%，如情景Ⅰ、Ⅱ、Ⅲ所示，人均碳排放 *C* 预计变动分别约为增加 1.099%、减少 0.007%①、减少 1.025%。在基础情景Ⅳ下（保守估计），中国的人均碳排放预计约每年增加 6.7%，低于人均 GDP 的增长率。在消极情景Ⅴ下，得到极端值人均碳排放增长率上限 19%，预计此种极端恶化情景（类似压力测试）出现的概率很小。估计新常态下较之于基础情景，规模因素 *Y* 增速略低（经济增速预计 6.5%＜7.29%）、结构因素 *S* 和技术因素 *T* 略高，对应人均碳排放量增速预计会略低，约为 4%。

假设人均碳排放年均增速 4%，人均 GDP 增速 6.5%，那么碳强度（单位 GDP 碳排放）的增速约为–2.5%，即碳强度每年预计降低约 2.5%。据此推算，我国碳强度到 2020 年和 2030 年分别比 2005 年下降 40%～45%和 60%～65%的目标设定是可行合理的。

GDP 数据采用我国官方统计（国家统计局）公布的数据，碳排放采用 BP 数据。据我国承诺的碳强度目标，可推算 2005 年，我国 GDP 为 18 599.8 亿元，CO_2 排放量为 605 826 万 t，我国的碳强度为 32.57 t/万元；则到 2020 年和 2030 年我国的碳强度为 17.91～19.54 t/万元和 11.4～13.03 t/万元。

按照 6.5%的经济增速，预计我国 2020 年、2030 年 GDP 约为 65 539.1 亿元、123 025.9 亿元；与此对应，我国 CO_2 排放量到 2020 年、2030 年分别为 1 173 805 万～1 280 634 万 t、1 402 495 万～1 603 027 万 t。

据相关实证研究，我国碳排放与煤炭消费量之间有显著的正相关性，且二者之间存在稳定的线性关系。此处截取 2000 年以来的数据模拟图，如图 5-4 所示。

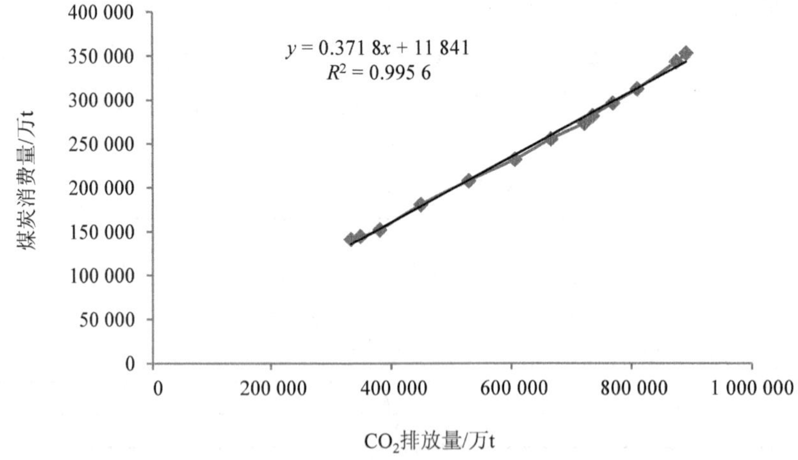

图 5-4　碳排放与煤炭消费的关系

① 从表 5-5 可知，此处的结构因素远不能通过系数显著性检验（*P* 值过大），因此情景Ⅱ可信度不高，此处给出数值仅作参考。

5.4　煤炭消费总量控制目标确定

5.4.1　大气污染约束下的煤炭消费量控制目标分析

在综合上文两种情景下 SO_2 和烟粉尘排放目标的基础上，可适当放松约束条件，进一步为大气污染物的减排方案设置低、中、高 3 类减排情景。根据 2020 年、2030 年大气污染物排放的设定值，可分别计算煤炭消费控制目标，所得结果如表 5-6 所示，利用 SO_2 和烟粉尘预测的 2020 年煤炭消费总量区间范围分别为 37 亿～40 亿 t、38 亿～42 亿 t，2030 年煤炭消费总量区间分别为 43 亿～45 亿 t、41 亿～46 亿 t。可见若只结合当前的规划政策及环境质量达标条件设定阶段性减排目标，并不纳入经济考核指标，综合两种污染物的约束条件，若取较为严格的约束条件，2020 年、2030 年的煤炭消费量预测分别为 37 亿～40 亿 t 和 41 亿～45 亿 t。

表 5-6　2020 年、2030 年全国煤炭消费总量预测

种类	2020 年			2030 年	
	排放情景/万 t		煤炭消费/亿 t	排放情景/万 t	煤炭消费/亿 t
SO_2	低目标	2 000	37.4	1 500	43.3
	中目标	1 900	38.8	1 400	44.3
	高目标	1 800	40.1	1 300	45.2
烟粉尘	低目标	1 100	37.6	900	41.9
	中目标	1 000	39.7	800	44.0
	高目标	900	41.9	700	46.2

从全国煤炭消费总量预测结果来看，所得到 2020 年的煤炭消费结果（37 亿～40 亿 t）与国家能源发展“十三五”规划中 2020 年煤炭消耗 41 亿 t 目标相比较为严格；考虑到相关研究指出，如果按照要达到碳排放峰值所需实现的工业化和城镇化程度，我国能源消费总量还需增加约 30 亿 t 标准煤，根据“十二五”规划中 39 亿 t 的煤炭消费目标，即使 2030 年煤炭消费占比下降至 45%以下，预期的煤耗仍会大大突破 40 亿 t，增长至 45 亿～50 亿 t，并将长期处于该高位平台区间。因此，2030 年的煤炭消费预测结果（41 亿～45 亿 t）也处在实际发展中煤炭消费量的合理范围之内且可能严于实际煤炭消费需求。但从国家煤炭消费总量预测层面出发，考虑到未来社会实际发展需求，大气污染约束下 2020 年、2030 年我国煤炭消费总量的范围控制分别控制在 41 亿 t 和 45 亿 t 左右会更接近国家发展需求的目标值，有一定的可达性。但若考虑经济发展需求等综合因素，自上而下的煤炭消费总量

目标还有待和分省煤炭控制目标的汇总值之间进行平衡衔接。

5.4.2 碳减排约束下的煤炭消费总量控制目标

将上述碳强度承诺下推算出的碳排放量值代入以上关系式，可以得出我国 2020 年、2030 年的煤炭消费量为 44.7 亿～48.7 亿 t、53.2 亿～60.6 亿 t。由此可见，如果我国经济增速能持续保持年均 6.5%，那么碳排放的增长空间不会受到太多限制，我国的碳强度承诺目标并不是很难实现，在此目标约束下对煤炭消费总量可保守估计为 2020 年、2030 年分别约为 44 亿 t、53 亿 t。

结合国家发布的能源政策及相关学者研究成果，我国 2020 年煤炭消费总量控制在 41 亿 t，2030 年前后达到峰值。因此综合情况下，碳排放约束下我国煤炭消费总量预计 2020 年、2030 年分别约为 41 亿 t、53 亿 t。

5.4.3 大气环境约束下的煤炭消费总量控制目标

（1）煤炭消费总量目标相关预测

在《能源发展战略行动计划（2014—2020 年）》中，我国明确了能源消费目标：到 2020 年，一次能源消费总量控制在 48 亿 t 标准煤，煤炭消费总量控制在 42 亿 t；并着力优化能源消费结构，非化石能源占一次能源消费比重达到 15%，天然气比重达到 10%以上，煤炭消费比重控制在 62%以内。据此，我国煤炭消费总量控制的全国总量目标是：2020 年 42 亿 t 以内。

关于煤炭消费总量目标的预测和讨论，已有部分研究成果整理如表 5-7 所示。

表 5-7 关于煤炭消费总量预测的文献整理

研究人员及机构	发表文章标题	所属刊物及期数	煤炭消费总量目标预测	研究方法说明
曾琳（煤炭工业规划设计研究院有限公司）	煤炭峰值预测与对策研究	煤炭经济研究，2014（4）	煤炭消费峰值 2020 年 47.6 亿 t	“中国煤炭峰值预测”课题组采用部门耗煤法预测
李瑞峰，曾琳（煤炭工业规划设计研究院有限公司）	能源革命下的煤炭需求峰值及供应能力预测	煤炭工程，2014（10）	煤炭需求峰值 2020 年 43.6 亿 t，供应能力约 44 亿 t	“中国煤炭峰值预测”课题组采用部门耗煤法预测
李维明（国务院发展研究中心）	我国煤炭需求峰值预测及应对	发展研究，2015（3）	煤炭需求峰值 2020 年 45 亿 t；2030 年 42 亿 t	基于 1978—2013 年数据，煤炭需求的误差修正模型（ECM）

此外，中国煤炭报在 2014 年 3 月 7 日刊登《专家预测煤炭消费峰值：2020 年 47 亿吨》一文，称根据煤炭峰值研究课题组发布研究报告：我国的煤炭需求将在 2020 年达到峰值 47 亿 t；煤炭消费占能源消费的比重逐步下降，供大于求将是长期趋势；煤电占比将继续

增加，2020 年达到 54.74%。

还有部分学者预测了中国煤炭消费的峰值。如陈正（2011）通过对中国煤炭需求的影响因素实证分析，提出中国煤炭消费 2030 年前后达到峰值；田文（2016）表示根据 BP 预测中国煤炭消费峰值将在 2030 年到来。我国于 2014 年 11 月在《中美气候变化联合声明》中承诺，2030 年前达到碳排放峰值，这意味着我国煤炭消费总量将在 2030 年前达到峰值。

（2）大气环境约束下的煤炭消费总量控制目标

综合大气污染约束及碳排放约束下的煤炭消费总量控制目标分析，结合以上煤炭消费目标预测研究，确定大气环境约束下 2020 年的煤炭消费总量控制目标分别为 41 亿 t。由于两种约束条件下的 2030 年煤炭消费总量控制目标差距较大，取折中值，2030 年煤炭消费量控制目标为 50 亿 t。

第 6 章　煤炭消费布局分析

煤炭消费布局分析根据大气环境约束因子的不同，紧接上述约束因子的分析，分别进行布局算法，基于大气污染约束前提的布局分析采用自下而上的方法，而基于碳排放约束下的煤炭消费布局分析采用的是自上而下的分配方法，研究将对两种思路下的分配方法进行综合分析，为得到更科学合理的分配方法提供借鉴。

6.1　基于大气污染约束下的煤炭消费布局分析

6.1.1　煤炭消费与大气污染之间的关系

为了明确各地区在考虑经济发展情况下的煤炭消费与大气污染物排放之间的量化关系，特选取 30 个省（市、自治区）（西藏无相关数据）2000—2012 年 SO_2、烟粉尘的排放量、煤炭消费及 GDP，进行污染物排放强度及煤炭消费强度计算，分别以万元 SO_2 排放量或万元烟粉尘排放强度（kg/万元）x 为自变量，万元煤炭消费量（t/万元）y 为因变量做散点图，对数据组进行拟合，分别得到煤炭消费强度与 SO_2 排放强度、烟粉尘排放强度之间的拟合关系式如表 6-1 和表 6-2 所示。经模拟，绝大部分地区的关系式相关度在 0.9 以上或 0.8～0.9，处于较高相关水平上，说明从相关度来看，研究所建立的大气污染物与煤炭消费之间的关系式，在很大程度上具有解释二者关系的能力。各省（市、自治区）两种污染物排放强度与煤炭消费强度的关系式均可用一元二次方程来表示。

表 6-1　2000—2012 年我国部分地区 SO_2 排放强度与煤炭消费强度之间的关系式

地区	模拟方程	相关系数	地区	模拟方程	相关系数
北京	$y=-0.006\,9x^2+0.171\,7x+0.107\,1$	$R^2=0.996\,3$	河南	$y=-0.006\,7x^2+0.229\,7x+0.141$	$R^2=0.979\,3$
天津	$y=0.003\,4x2+0.063\,2x+0.437\,6$	$R^2=0.992\,7$	湖北	$y=0.000\,9x^2+0.035\,5x+0.804\,1$	$R^2=0.910\,6$
河北	$y=-0.002\,8x^2+0.127\,8x+0.963\,5$	$R^2=0.955$	湖南	$y=-0.006\,9x^2+0.183\,5x+0.125\,2$	$R^2=0.856$
山西	$y=-0.002\,4x^2+0.286x+0.376\,3$	$R^2=0.978\,7$	广东	$y=0.001\,3x^2+0.000\,3x+0.490\,2$	$R^2=0.811\,3$
内蒙古	$y=-0.002\,4x^2+0.286x+0.376\,3$	$R^2=0.978\,7$	广西	$y=9\times10^{-7}x^2+0.005\,7x+0.868$	$R^2=0.753\,6$
辽宁	$y=0.001x^2+0.045\,1x+0.746$	$R^2=0.987\,5$	海南	$y=0.026\,3x^2-0.184\,6x+0.686\,7$	$R^2=0.418$

地区	模拟方程	相关系数	地区	模拟方程	相关系数
吉林	$y=-0.000\,5x^2+0.089\,6x+1.044\,2$	$R^2=0.975\,5$	重庆	$y=-0.000\,3x^2+0.035\,6x+0.767\,7$	$R^2=0.974\,5$
黑龙江	$y=-0.001\,6x^2+0.112\,7x+0.731\,4$	$R^2=0.842\,9$	四川	$y=-0.001\,8x^2+0.081\,5x+0.357\,3$	$R^2=0.954\,9$
上海	$y=0.005x^2+0.009\,7x+0.370\,3$	$R^2=0.989\,3$	贵州	$y=-0.000\,2x^2+0.048\,4x+2.346\,6$	$R^2=0.967\,9$
江苏	$y=-0.005\,6x^2+0.118\,1x+0.462\,5$	$R^2=0.937\,5$	云南	$y=-0.019\,2x^2+0.581\,8x-2.269\,8$	$R^2=0.536\,1$
浙江	$y=-0.010\,4x^2+0.162\,2x+0.281$	$R^2=0.947\,7$	陕西	$y=-0.001\,8x^2+0.080\,9x+1.353\,7$	$R^2=0.361\,9$
安徽	$y=-0.018\,3x^2+0.319\,2x+0.206\,8$	$R^2=0.932\,7$	甘肃	$y=0.000\,1x^2+0.021\,9x+1.483\,5$	$R^2=0.871\,9$
福建	$y=-0.008\,4x^2+0.114\,8x+0.323\,3$	$R^2=0.864\,4$	青海	$y=0.004\,1x^2-0.133\,4x+2.823$	$R^2=0.443\,6$
江西	$y=-0.001\,4x^2+0.069\,2x+0.458\,5$	$R^2=0.941\,3$	宁夏	$y=-0.001\,8x^2+0.165\,8x+3.716\,6$	$R^2=0.303\,2$
山东	$y=-0.008\,9x^2+0.220\,6x+0.300\,9$	$R^2=0.970\,6$	新疆	$y=-0.000\,4x^2-0.077\,5x+3.809\,4$	$R^2=0.606\,7$

表 6-2　2000—2012 年我国部分地区烟粉尘排放强度与煤炭消费强度之间的关系式

地区	模拟方程	相关系数	地区	模拟方程	相关系数
北京	$y=-0.038x^2+0.437x+0.001\,2$	$R^2=0.977\,3$	河南	$y=-0.003\,3x^2+0.119\,2x+1.098\,6$	$R^2=0.919$
天津	$y=-0.016\,8x^2+0.303\,4x+0.377\,2$	$R^2=0.988\,5$	湖北	$y=-0.001\,8x^2+0.064x+0.832\,5$	$R^2=0.902\,3$
河北	$y=-0.001\,9x^2+0.095\,6x+1.301\,5$	$R^2=0.851\,1$	湖南	$y=-0.000\,3x^2+0.036\,6x+0.815\,2$	$R^2=0.944\,2$
山西	$y=-0.001\,1x^2+0.159\,3x+3.246$	$R^2=0.996\,1$	广东	$y=-0.001\,8x^2+0.032\,2x+0.467\,2$	$R^2=0.811$
内蒙古	$y=-0.003\,4x^2+0.195\,9x+2.481\,1$	$R^2=0.469\,4$	广西	$y=-7\times10^{-5}x^2+0.007\,5x+0.879\,7$	$R^2=0.739\,1$
辽宁	$y=-0.000\,8x^2+0.068\,5x+0.779\,8$	$R^2=0.992\,8$	海南	$y=0.011\,7x^2-0.099\,2x+0.540\,6$	$R^2=0.727\,3$
吉林	$y=-0.000\,7x^2+0.059\,1x+1.241$	$R^2=0.979\,6$	重庆	$y=-0.000\,9x^2+0.058\,8x+0.910\,3$	$R^2=0.963\,5$
黑龙江	$y=-0.001\,2x^2+0.067\,8x+0.917\,2$	$R^2=0.907\,9$	四川	$y=-0.001x^2+0.049\,3x+0.763$	$R^2=0.717\,3$
上海	$y=-0.028\,3x^2+0.317\,2x+0.203\,8$	$R^2=0.987\,5$	贵州	$y=-0.000\,7x^2+0.084\,2x+2.995\,3$	$R^2=0.899\,8$
江苏	$y=-0.016\,5x^2+0.189\,4x+0.539\,1$	$R^2=0.968\,7$	云南	$y=-0.008\,9x^2+0.228\,7x+0.711\,7$	$R^2=0.672\,1$
浙江	$y=-0.053\,3x^2+0.364\,9x+0.272\,9$	$R^2=0.963$	陕西	$y=-0.000\,8x^2+0.031\,6x+1.945\,7$	$R^2=0.796\,5$
安徽	$y=2\times10^{-5}x^2+0.035\,8x+1.203\,7$	$R^2=0.849\,1$	甘肃	$y=-0.000\,3x^2+0.036\,2x+1.700\,8$	$R^2=0.799\,5$
福建	$y=-0.016\,6x^2+0.152\,6x+0.360\,7$	$R^2=0.818\,1$	青海	$y=-0.001x^2+0.073\,5x+0.746\,1$	$R^2=0.582\,5$
江西	$y=-0.001\,1x^2+0.050\,3x+0.682\,5$	$R^2=0.945\,4$	宁夏	$y=-0.000\,5x^2+0.018\,4x+7.273\,9$	$R^2=0.761\,5$
山东	$y=-0.042\,7x^2+0.457\,4x+0.444\,9$	$R^2=0.918\,2$	新疆	$y=0.013\,9x^2-0.571\,8x+7.686\,5$	$R^2=0.599\,1$

（1）各省（市、自治区）大气污染控制目标

按照各省（市、自治区）相关的“十二五”规划目标、重点区域“十二五”减排规划及大气污染防治计划等要求，结合重点区域减排目标，以取最严格控制目标的原则调整“十二五”减排目标，在此基础上对 2020 年、2030 年的大气污染物控制目标进行分阶段设定。对“十三五”期间的减排目标分析，假定各省（市、自治区）污染物在“十二五”之后的阶段按其规划的减排比例进行等比例递减，其中无相关规划的按全国减排比例递减；比如，对于 SO_2，各省（市、自治区）“十二五”减排比例在 12%以上的取 12%为“十三五”后的两个“五年计划”内的平均减排比例，小于 12%的均取 8%，烟粉尘减排比例参考重点

污染地区 10%的规定减排比例加以调整，依此思路进行分段目标设置，经计算得出 2020 年、2030 年各省（市、自治区）大气污染物的减排目标如表 6-3 所示。

表 6-3 我国各地区 2020 年、2030 年大气污染物控制目标

地区	2010 SO_2/万 t	2010 烟粉尘/万 t	2020 SO_2/万 t	2020 烟粉尘/万 t	2030 SO_2/万 t	2030 烟粉尘/万 t
北京	11.51	6.53	7.14	5.3	5.53	4.29
天津	23.52	7.25	18.91	5.9	16.01	4.78
河北	123.38	82.06	93.05	66.5	72.06	53.87
山西	124.92	98.59	97.51	79.9	78.98	64.72
内蒙古	139.41	80.73	129.58	71.9	119.42	58.24
辽宁	102.22	80.06	80.33	64.9	65.07	52.57
吉林	35.63	35.38	37.35	28	30.26	22.68
黑龙江	49.02	47.87	47.55	63.2	45.67	51.19
上海	35.81	11.18	17.62	9.1	13.65	7.37
江苏	105.05	48.64	81.36	39.4	65.9	31.91
浙江	67.83	31.36	48.74	25.4	37.75	20.57
安徽	53.21	51.91	45.94	36.6	41.46	29.65
福建	40.91	27.88	16.49	22.6	8.08	18.31
江西	55.71	38.8	50.51	31.2	40.91	25.27
山东	153.78	58.11	115.16	47.1	89.18	38.15
河南	133.87	77.35	120.29	56.1	108.56	45.44
湖北	63.26	33.96	58.6	27.5	47.47	22.28
湖南	80.13	70.66	52.89	57.2	40.96	46.33
广东	105.05	41.54	62.88	33.6	48.7	27.22
广西	90.38	57.93	48.48	25.3	39.27	20.49
海南	2.88	1.47	3.86	1.6	3.13	1.3
重庆	71.94	29.13	44.53	23.6	34.49	19.12
四川	113.1	48.26	62.99	39.1	48.78	31.67
贵州	114.88	33.84	98.17	26.4	83.09	21.38
云南	50.07	23	62.64	33.9	57.73	27.46
西藏	0.39	0.32	0.39	0.6	0.31	0.49
陕西	77.86	34.86	61.81	28.2	50.06	22.84
甘肃	55.18	25.57	44.67	20.7	36.18	16.77
青海	14.34	17.4	11.62	15.2	9.41	12.31
宁夏	31.08	23.28	25.16	18.9	20.38	15.31
新疆	58.85	52.86	45.57	42.8	35.29	34.67
总计	2 185.1	1 277.8	1 691.79	1 047.5	1 393.71	848.64

（2）各地区社会经济发展预测

考虑到名义 GDP 和实际 GDP 有别，根据众多专家的研究，以 2015 年为基准，可假定未来 10 年国家经济实际增速不超过 7%。若以 2000 年价格为基准，按照经济发达地区、经济中等发达地区、经济欠发达地区对国内 31 个省（市、自治区）进行分区，再以 2015 年 GDP 为基准，分别以 6%、7%、8%的经济增速进行省（市、自治区）GDP 预测。预测

结果如表 6-4 所示，经统计，国家 2020 年、2030 年的实际 GDP 总量分别为 70 亿元、121 亿元，2020 年实际 GDP 相比于 2013 年的实际 GDP 年均增长约 7.6%、2030 年的实际总 GDP 相比 2020 年年均增长 5.6%，符合未来国家实际总 GDP 约 7%的增长速度及随时间推移 GDP 增速减缓的趋势。

表 6-4　我国各地区 2020 年、2030 年 GDP 预测

	地区	2013 实际 GDP/亿元	2020 GDP 预测/亿元	2030 GDP 预测/亿元
经济发达地区	北京	9 126.557	14 245.7	23 204.74
	天津	9 874.739	16 576.43	27 001.26
	河北	19 878.223	31 316.01	51 010.48
	上海	16 564.352	25 855.4	42 115.72
	江苏	39 663.931	64 225.94	104 617.29
	浙江	24 749.623	38 631.84	62 927.2
	福建	17 464.308	28 279.13	46 063.72
	山东	39 207.424	62 337.68	101 541.51
	广东	40 566.104	63 319.89	103 141.43
	重庆	7 891.486 9	13 365.75	21 771.4
经济中等发达地区	山西	6 627.856 1	11 869.95	21 257.27
	内蒙古	9 326.817 5	16 409.24	29 386.45
	辽宁	20 137.864	34 799.92	62 321.36
	吉林	8 351.422 2	14 693.17	26 313.23
	黑龙江	12 671.087	22 293.01	39 923.39
	安徽	13 023.152	26 006.57	46 573.81
	江西	8 797.441	15 202.72	27 225.76
	河南	21 735.316	36 219.12	64 862.93
	湖北	18 530.186	31 447.35	56 317.41
	湖南	15 691.42	26 629.71	47 689.75
	广西	9 030.899 8	15 326.23	27 446.94
	海南	2 053.362 3	3 677.4	6 585.66
经济欠发达地区	四川	18 265.293	33 665.22	66 224.58
	贵州	4 169.152 2	7 412.28	14 581.08
	云南	7 517.542 7	13 365.34	26 291.65
	西藏	534.183 14	984.57	1 936.8
	陕西	7 779.166 9	14 337.98	28 204.98
	甘肃	3 852.796 5	7 101.19	13 969.12
	青海	1 194.323 2	2 201.29	4 330.27
	宁夏	1 107.442	2 041.15	4 015.25
	新疆	5 020.632 4	8 926.12	17 559.03

（3）煤炭消费布局预测

根据对我国各地区 2020 年、2030 年大气污染物排放目标的预测及实际 GDP 预测，可将已知量代入关系式，计算的煤炭消费量如表 6-5 所示，利用 SO_2 和烟粉尘对 2020 年煤炭消费的预测各省累计总结果分别达 58 亿 t、75 亿 t；2030 年的煤炭消费总量预测各地区累计结果则分别为 75 亿 t、87 亿 t。从总量上看，相较于 2010 年，2020 年各省煤炭消费总量年均增加比例为 4.3%，而相较于 2020 年，2030 年各省（市、自治区）煤炭消费总量年均增加比例为 2.6%。东、西、中部 3 个区域 2020 年的煤炭消费占比分别为 40%、29%和 31%，相较于过去，东部、中部煤炭消费比例均下降约 1%，西部从 20%～30%明显增加到 31%，2030 年东部、中部、西部的煤炭消费比例分别为 39%、30%、31%。相比于 2020 年，东部比例继续小比例下降，中部，西部略有上升。

表 6-5 大气污染约束下我国各地区 2020 年、2030 年的煤炭消费量

地区		SO_2 约束下		烟粉尘约束下	
	2012 年煤炭消费量/万 t	2020 年煤炭消费量/万 t	2030 年煤炭消费量/万 t	2020 年煤炭消费量/万 t	2030 年煤炭消费量/万 t
北京	2 270	2 726.96	3 425.64	2 258.27	1 872.44
天津	5 298	8 522.3	12 859.86	8 007.41	11 620.91
河北	31 359	41 290.61	58 072.83	46 846.88	71 432.01
山西	34 551	30 432.05	29 883.12	50 666.31	79 094.24
内蒙古	36 620	40 778.84	44 047.53	53 727.03	43 802.92
辽宁	18 219	29 769.05	49 494.33	31 485.8	52 163.76
吉林	11 083	18 641.69	30 170.16	19 851.67	33 981.41
黑龙江	13 965	21 501.72	34 263.39	24 517.11	40 009.66
上海	5 703	9 805.21	15 749.98	8 065.21	10 884.45
江苏	27 762	38 735.95	55 935.82	41 687.75	62 282.34
浙江	14 374	18 121.65	23 570.07	18 920.97	24 320.43
安徽	14 704	18 557.13	22 190.08	32 615.42	17 588.15
福建	8 485	10 954.92	15 808.08	13 349.22	4 903.92
江西	6 802	10 230.8	15 227.92	11 874.78	19 826.86
山东	40 233	42 268.3	49 529.87	47 758.01	62 013.6
河南	25 240	30 060.83	32 864.55	46 190.69	76 569.8
湖北	15 799	27 465.39	47 006.03	27 896.63	48 294.3
湖南	12 084	12 314.54	13 244.18	23 765.2	40 558.87
广东	17 634	31 139.45	8 457.33	30 632.88	49 051.23
广西	7 264	13 579.64	12 366.47	13 669.31	8 688.82
海南	931	1 919.28	1 584.97	1 837.43	1 113.61
重庆	6 750	11 801.64	17 925.35	13 517.02	20 927.64
四川	11 872	16 950.12	27 572.94	27 568.78	14 200.66
贵州	13 328	21 885.05	38 142.82	24 359.07	15 942.25
云南	9 850	470.6	11 782.05	16 499.78	11 782.05
陕西	15 774	23 930.12	26 854.18	27 916.34	18 868.03
甘肃	6 558	11 942.05	21 524.88	12 099.4	7 844.34
青海	1 859	3 971.8	3 164.82	3 353.82	2 223.64
宁夏	8 055	9 270.22	9 634.97	15 123.07	9 634.97
新疆	12 028	24 933.6	20 476.86	58 359.84	14 387.26
总计	436 454	583 971.52	752 831.08	754 421.1	875 884.57

6.1.2　空间及布局结果分析

对于煤炭消费结果，从“政策顺延”和“政策突变”两个不同角度进行分析，前者指的是在既有政策基础上执行力度相当的政策，后者是执行远远超过既有政策力度的强制性政策。

（1）“政策顺延”下的预测结果分析

从我国各省（市、自治区）的煤炭消费汇总计算得出的全国煤炭消费总量，与根据国家煤炭消费总量统计数据的预测结果存在较大差别。本研究按取较为严格的计算结果为原则，2020 年、2030 年的煤炭消费量分别为 58 亿 t、75 亿 t。若“政策顺延”，在 2012 年 43 亿 t 的煤炭消费基础上，按专家所提出的 3%左右的增速计算，到 2020 年煤炭消费总量会达到 55 亿 t 左右，2030 年则达到 73 亿 t 左右，因此，若按经济发展规律，煤炭消费总量预测结果符合煤炭发展趋势。值得注意的是，各省煤炭消费累计总量与国家总量存在较大差距，原因在于，一方面跟各省的能源消费结构及煤炭种类不同，以及煤炭消费对各种大气污染物的贡献度不同有关；另一方面与基础数据来源本身存在国家统计数据和地方统计数据汇总和之间的差距也有很大关系。比如全国煤炭统计口径下，2012 年煤炭消费量为 35 亿 t，与上述存在较大差距。目前 SO_2 预测的结果更为接近国家规划目标，若不计个别地区存在的不同程度误差，预测结果的总体误差比例仅在 5%以内，且所体现的区域预测结果中，中、东部的煤炭消费占比降低，西部比例上升，总体布局策略符合国家战略理念要求，因此国家层面的煤炭消费预测结果具有一定的可靠性与合理性。

（2）“政策突变”下的预测结果分析

若“政策突变”，煤炭消费量会根据政策强度加大而得到更为严格的控制，为全力实现国家所提出的节能目标而接受国家的各项调节措施。结合《重点地区煤炭消费减量替代管理暂行办法》中对北京、天津、河北及山东的 2017 年煤炭消费减量目标的规定，根据 2012 年各省（市、自治区）的煤炭消费数据，可计算规划下 2017 年北京、天津、河北、山东的煤炭消费的控制目标为 970 万 t、4 298 万 t、27 359 万 t、38 233 万 t，年均下降比例约为 16%、4%、3%和 1%。另外，上海、浙江、江苏、广东要实现负增长，辽宁保持零增长。所以至少这 9 个省（市）煤炭消费量需要在原方法的计算结果中首先做出调整。此外若对 2012 年首次出现煤炭消费量下降的地区，进行同比减量计算，可得到上海、浙江、福建等地区的调整后煤炭消费量，结合煤炭消费总量 2020 年、2030 年 41 亿 t，其余地区按照上述分配结果计算分配比例进行调整。汇总各省（市、自治区）煤炭消费量调整前后对比结果如表 6-6 所示。

表 6-6 经调整的大气污染约束下各地区的煤炭消费布局

地 区	SO_2约束下		烟粉尘约束下	
	2020 年煤炭消费量/万 t	2030 年煤炭消费量/万 t	2020 年煤炭消费量/万 t	2030 年煤炭消费量/万 t
北 京	700	575	700	575
天 津	3 803	3 803	3 803	3 803
河 北	24 970	24 970	24 970	24 970
山 西	30 432.05	29 883.12	50 666.31	79 094.24
内蒙古	40 778.84	44 047.53	53 727.03	43 802.92
辽 宁	18 219	18 219	18 219	18 219
吉 林	18 641.69	30 170.16	19 851.67	33 981.41
黑龙江	21 501.72	34 263.39	24 517.11	40 009.66
上 海	3 151	3 151	3 151	3 151
江 苏	21 758	21 758	21 758	21 758
浙 江	11 528	11 528	11 528	11 528
安 徽	18 557.13	22 190.08	32 615.42	17 588.15
福 建	6 858	6 858	6 858	6 858
江 西	5 479	5 479	5 479	5 479
山 东	37 097	37 097	37 097	37 097
河 南	9 896	9 896	9 896	9 896
湖 北	15 749	15 749	15 749	15 749
湖 南	6 711	6 711	6 711	6 711
广 东	12 336	12 336	12 336	12 336
广 西	13 579.64	12 366.47	13 669.31	8 688.82
海 南	1 919.28	1 584.97	1 837.43	1 113.61
重 庆	4 076	4 076	4 076	4 076
四 川	16 950.12	27 572.94	27 568.78	14 200.66
贵 州	21 885.05	38 142.82	24 359.07	15 942.25
云 南	470.6	11 782.05	16 499.78	11 782.05
陕 西	23 930.12	26 854.18	27 916.34	18 868.03
甘 肃	11 942.05	21 524.88	12 099.4	7 844.34
青 海	3 971.8	3 164.82	3 353.82	2 223.64
宁 夏	9 270.22	9 634.97	15 123.07	9 634.97
新 疆	24 933.6	20 476.86	58 359.84	14 387.26
总计	441 094.91	515 865.24	564 495.38	501 368.01

由表 6-6 可见，若按照规定的比例持续节煤，到 2020 年，至少北京、天津、河北、山东各省（市）的煤炭消费量分别为 700 万 t、3 803 万 t、24 970 万 t、37 097 万 t，相比 2012 年共节约 1.25 亿 t。与能源发展战略所提出的京津冀鲁共节约 1 亿 t 的规定相差无几。因此，这些地区煤炭消费量可调整为此计算后的结果。若其他地区未经政策控制，保持原预测结果，只替换调整后相关地区煤炭消费结果，可最终得到在 SO_2 约束和烟粉尘约束下的 2020 年煤炭消费总量分别为 44 亿 t 和 56 亿 t。前者得到的煤炭消费量已经很接近国家所提出的目标，此时，东部、中部、西部的煤炭消费占比分别为 32%、29%、39%。可见，中东部占比均大幅下降，而西部成为煤炭消费主要地区，更加印证了煤炭向西部转移的趋势。至于 2030 年的各省份煤炭消费调整趋势，由于目前没有相关的强制政策指向，煤炭消费结构的调整程度及对应的煤炭消费量会如何控制，尚无法得知。若假设经调整后的地区 2030 年仍保持 2020 年的煤炭消费量，其他地区煤炭消费量变动暂不计，那么 2030 年各地区煤炭消费总量在 SO_2 和烟粉尘的约束下分别为 51 亿 t、50 亿 t，东部、中部、西部的煤炭消费占比分别为 28%、30%、42%。虽然与碳排放达峰值时的煤炭消费有一定差距，但事实上，由于其他地区，尤其是西部一些地区的煤炭消费量还有待随政策进行调整，故此预测结果也在误差范围之内。

（3）调整后的煤炭消费分配方案

经分析，“政策顺延”下各省（市、自治区）煤炭消费量预测结果汇总值与全国煤炭消费量预测结果差距较大，“政策突变”下各省（市、自治区）的煤炭消费比例得到一定的优化调整。考虑到国家的能源统计口径与分地区统计总和不一致的原因，主要在于我国能源消费同 GDP 一样实行分级核算，地区之间存在重复因素等，而国家核算时会剔除重复等因素，所以会出现地区合计数大于国家数的现象。而根据各省（市、自治区）的污染物约束条件所得到的煤炭消费总量之下的分区煤炭消费占比却考虑了其自身的资源条件和实际经济发展情况，因此，具有一定的合理性。综合两种情况下的总量及布局分析，本书建议在全国的煤炭消费总量控制政策上仍取基于全国统计口径下的预测结果，即 2020 年、2030 年煤炭消费总量分别控制在 40 亿 t、45 亿 t。而在煤炭消费布局上，各省的煤炭消费控制目标仍可按照不同政策下的调整前或调整后的各省区煤炭消费量来执行，但要注意的是，此布局结果中的煤炭消费数值所代表的含义，不考虑地区与地区间的煤炭消费的重复因素，也可看作各省区在没有被剔除重复因子下的“名义”上的煤炭消费量。

综合以上分析，大气污染约束下的煤炭消费分配以取 SO_2 为约束条件为主，且以 2020 年、2030 年 41 亿 t、50 亿 t 的总量控制目标进行内部调整分配，采取上述计算结果下，剔除各省份强制削减目标累计值后的余量重新调整分配。分配结果如表 6-7 所示。

表 6-7 调整后大气污染约束下的煤炭消费分配方案

地区	2020 年煤炭消费量/万 t	2030 年煤炭消费量/万 t
北 京	700	575
天 津	3 803	3 803
河 北	24 970	24 970
山 西	26 775.12	28 462.2
内蒙古	35 878.56	41 953.1
辽 宁	18 219	18 219
吉 林	16 401.57	28 735.59
黑龙江	18 917.92	32 634.19
上 海	3 151	3 151
江 苏	21 758	21 758
浙 江	11 528	11 528
安 徽	16 327.17	21 134.96
福 建	6 858	6 858
江 西	5 479	5 479
山 东	37 097	37 097
河 南	9 896	9 896
湖 北	15 749	15 749
湖 南	6 711	6 711
广 东	12 336	12 336
广 西	11 947.81	11 778.45
海 南	1 688.65	1 509.61
重 庆	4 076	4 076
四 川	14 913.27	26 261.87
贵 州	19 255.19	36 329.16
云 南	414.05	11 221.82
陕 西	21 054.51	25 577.28
甘 肃	10 507.01	20 501.39
青 海	3 494.52	3 014.34
宁 夏	8 156.24	9 176.83
新 疆	21 937.4	19 503.2
总计	410 000	500 000

（4）不确定性

如上所述，本研究在“政策顺延”下，预测结果符合能源环境经济的发展趋势，具有一定的合理性及可靠性；在“政策突变”下经过对部分省（市、自治区）进行调整，其他地区保守预测，预测结果较为符合当前煤炭消费布局趋势，准确度得到进一步提升。然而除了对预测结果的分析，本书还需针对预测方法所存在的相关不足之处进行剖析，以加强对预测结果的误差和不确定性的理解。

第一，从研究方法上，采用了回归方程对煤炭消费强度和污染物排放强度进行量化。但各省（市、自治区）的煤炭结构不同，污染物排放来源存在差异，一方面煤炭消费和污染物之间的相关度大小程度不同；另一方面，煤炭消费的不同组成部分对大气污染物的贡献度不同，故利用模拟方程进行的煤炭预测结果，除了低相关度的区域相比于相关度较高的区域预测，误差可能会稍大些，还可能存在因为隐含的大气污染物与煤炭消费结构之间的实际量化关系而产生的误差。

第二，经数据组模拟的方程是针对过去 10 余年的污染物排放及煤炭消费状况的总结，所呈现的是历史规律，对于未来所可能遇到的各种诸如政策因素，技术因素等影响因素，并没有进行详尽考虑，故利用此关系式得到的预测值还有一定的局限性，所得到的煤炭消费在各省（市、自治区）的布局还存在一定的不确定性。

第三，预测结果存在不确定性的原因之一，与关系式内包含因子——GDP 和污染物排放量的预测有很重要的相关性。未来的 GDP 增速是个未知数，即使全国总经济产值有一定范围，各省（市、自治区）以何种速度增加经济产值，还值得进一步考虑。而大气污染物排放量在各省的分配也一直是一个难以统一的问题，作为两个具有不确定性的因子，不同的省域经济产值预测及大气环境容量对煤炭消费预测的结果都会产生一定的影响。

6.2 基于 3E 原则下的煤炭消费布局分析

基于能源-经济-环境三维体系（3E）的视角考察煤炭消费的总量分配优化问题，首先对煤炭消费进行初次分配，根据地均原则（建成区面积占比）、人均原则（常住人口占比）、混合指标原则（加权平均），确定煤炭消费的省域分配量。其次，在二次分配时一方面研究环境约束与煤炭消费分配的关系，得出空气质量改善目标下的省域煤炭消费量及其区域分配比例；另一方面研究经济约束与煤炭消费分配的关系，得出经济增长目标下的省域煤炭消费量及其区域分配比例。在省域层面，分东、中、西部 3 大地带，从各省经济增长目标出发，得出经济增长约束与煤炭消费量之间的对应关系。再者研究环境与经济双约束下煤炭消费的优化协调。对各种约束下的分配比例进行优化和加权平均，配合不同情景分析，得出省域煤炭消费优化分配的相关结果。分配总量分别为 2020 年 41 亿 t、2030 年 50 亿 t。

6.2.1 初次分配

6.2.1.1 指标说明

将会用到煤炭消费分配比例符号 P1～P12 及煤炭消费量的符号 Q1～Q12（全书统一），此处列表做统一说明。到 2020 年，在地均原则下、人均原则下、混合指标原则下（初次分配结果）、空气质量改善目标下（环境约束下）、经济增长目标下（经济约束下）的31省（市、自治区）煤炭消费分配比例分别用P1、P3、P5、P7、P9表示，对应地，各种情况下的煤炭消费量用Q1、Q3、Q5、Q7、Q9表示。到2030年，在地均原则下、人均原则下、混合指标原则下（初次分配结果）、空气质量改善目标下（环境约束下）、经济增长目标下（经济约束下）的31省（市、自治区）煤炭消费分配比例分别用P2、P4、P6、P8、P10表示，对应地，各种情况下的煤炭消费量用Q2、Q4、Q6、Q8、Q10表示。最终，将初次分配结果结合环境、经济约束调整，经过加权平均得到的综合优化后的煤炭消费比例2020年、2030年分别为P11、P12，对应地，煤炭消费量为Q11、Q12。具体说明见表6-8。

表6-8 相关符号说明

符号	含义	符号	含义
P1	2020年地均原则下的煤炭消费比例	Q1	2020年地均原则下的煤炭消费量
P2	2030年地均原则下的煤炭消费比例	Q2	2030年地均原则下的煤炭消费量
P3	2020年人均原则下的煤炭消费比例	Q3	2020年人均原则下的煤炭消费量
P4	2030年人均原则下的煤炭消费比例	Q4	2030年人均原则下的煤炭消费量
P5	2020年混合指标原则下的煤炭消费比例	Q5	2020年混合指标原则下的煤炭消费量
P6	2030年混合指标原则下的煤炭消费比例	Q6	2030年混合指标原则下的煤炭消费量
P7	2020年环境改善目标下的煤炭消费比例	Q7	2020年环境改善目标下的煤炭消费量
P8	2030年环境改善目标下的煤炭消费比例	Q8	2030年环境改善目标下的煤炭消费量
P9	2020年经济增长目标下的煤炭消费比例	Q9	2020年经济增长目标下的煤炭消费量
P10	2030年经济增长目标下的煤炭消费比例	Q10	2030年经济增长目标下的煤炭消费量
P11	2020年综合优化后的煤炭消费比例	Qa	2020年在基准情景A下代入P11得到的消费量
P12	2030年综合优化后的煤炭消费比例	Q_0	2015年各省域实际煤炭消费量

关于本书中用到的东、中、西部3大地带分区此处也做统一说明（与官方统计口径一致）：东部地区包括北京市、天津市、河北省、辽宁省、上海市、江苏省、浙江省、福建省、山东省、广东省、海南省，共11个省（市）（书中区域代码编号为1～11）；中部地区包括山西省、吉林省、黑龙江省、安徽省、江西省、河南省、湖北省、湖南省，共8个省（书中区域代码编号为12～19）；西部地区包括内蒙古自治区、广西壮族自治区、重庆市、四川省、贵州省、云南省、陕西省、甘肃省、青海省、宁夏回族自治区、新疆维吾尔自治区、西藏自治区，共12个省（市）自治区（书中区域代码编号为20～31）。

6.2.1.2 地均原则下的初次分配

（1）地均原则说明

总量分配中的初次分配，多采用自上而下的简单分配，大多基于历史沿袭法，即依据历史数据进行分配的方法。所依照的历史数据可以是煤炭消费量或是其相关的衡量指标。优点是简单易行；缺陷是各地资源水平、经济发展状况、能源发展战略、治理情况、大气污染约束等因素未纳入评判，容易降低治理水平较高区域的积极性。因此，煤炭消费的省域初次分配不能简单按历史沿袭法。

煤炭消费与区域大气污染联系密切，有研究分析了煤炭消费密度与 AOD（气溶胶光学厚度）平均值空间分布的空间相关性。其中 AOD 反映整个大气柱的气溶胶含量，是评价大气环境的关键指标；AOD 越小表示大气越清洁。通过对比煤炭消费密度区域与 AOD 空间分布，可发现我国煤炭消费密度与 AOD 平均值在空间区域分布上有明显的相关性：单位面积煤炭消费越多的区域，AOD 的平均值越高，大气越不清洁。比如煤炭消费密度较大的区域包括辽宁、京津冀、晋鲁豫皖及江浙沪地区，而 AOD 平均值较大的区域与其有较大程度的重叠，二者有高度的空间相关性。

基于煤炭消费的空间自相关性，又考虑区域煤炭消费与大气环境容量特别是 $PM_{2.5}$ 浓度分布的相关性，本书认为煤炭消费的省域初次分配应该主要基于地均原则。常见的用地指标有城区面积、建成区面积、城市建设用地面积；城区面积侧重行政区划的概念，城市建设用地面积侧重城市建设规划的概念，而建成区指城市行政区内实际已成片开发建设、市政公共设施已基本具备的区域；建成区面积与城市建设用地面积一般差异很小，只有在少数特殊情况下存在未批先建或实际建设与规划不符的特例，二者才会有差别。可见，建成区最符合城市土地开发建设的实际情况，因此，此处的用地指标选了建成区面积。

此处的地均原则分配是指：按省域“建成区面积”，按比例分配煤炭消费。基于地均原则的分配方法有充足的合理性。首先，建成区是人群聚居、能源消费和各种经济活动的集中区域，暗含了经济发展水平、自然生态容量等综合因素；其次，地均原则在一定程度上考虑了生态环境容量、大气污染物浓度，比较适合煤炭消费总量的分配。

在具体分配时，未来年份涉及建成区面积的未来变化，要考虑部分地区城市化建设的推进。对此，采用的处理方法是：有规划目标则采用规划数据；无规划数据则采用预估，用近 5 年建成区面积的增长率均值作为未来年增长率基准，可根据特殊情况适当作说明调整。

（2）计算过程

基于中国统计年鉴 2011—2015 年（官方统计数据发布到 2015 年）的数据，可得到我国 31 个地区的建成区面积（见统计年鉴中建成区面积统计指标），并可估计各省（市、自治区）建成区面积的增长率。

表 6-9 列出了我国 2015 年 31 个地区建成区面积的实际数值，给出了各地区建成区面积的增长率，并据此推算出了 2020 年、2030 年的各地区建成区面积预测值。在增长率的估算过程中（除上海以外的 30 个省、市、区），计算 2011—2015 年建成区面积的年均增长率并取算术平均值，计算可得增长率的无偏估计。其中，上海市建成区面积的统计数据连续性欠佳，2010—2015 年均为 999 km^2，2008—2009 年统计数据缺失，2007 年为 886 km^2，因此，估算上海市建成区面积的增长率时采用了 2007—2015 年的几何平均值，取值为 1.51%。

表 6-9 2015 年、2020 年、2030 年各地区建成区面积

区域代码	地区	2015 年建成区面积/km^2	增长率/%	2020 年建成区面积/km^2	2030 年建成区面积/km^2
1	北京	1 401	3.30	1 648	2 281
2	天津	885	5.69	1 167	2 029
3	河北	1 944	3.65	2 325	3 328
4	辽宁	2 462	1.97	2 715	3 300
5	上海	999	1.51	1 077	1 251
6	江苏	4 189	4.64	5 256	8 273
7	浙江	2 591	3.93	3 141	4 618
8	福建	1 414	5.77	1 872	3 279
9	山东	4 609	5.29	5 963	9 983
10	广东	5 633	3.93	6 829	10 037
11	海南	338	9.24	526	1 272
12	山西	1 123	4.09	1 372	2 049
13	吉林	1 399	2.43	1 578	2 006
14	黑龙江	1 772	1.37	1 896	2 172
15	安徽	1 926	4.78	2 433	3 882
16	江西	1 296	6.18	1 749	3 185
17	河南	2 503	4.52	3 122	4 856
18	湖北	2 197	4.94	2 796	4 528
19	湖南	1 573	2.81	1 807	2 384
20	内蒙古	1 225	3.32	1 442	1 999
21	广西	1 275	5.90	1 698	3 014
22	重庆	1 329	6.50	1 821	3 417
23	四川	2 282	6.31	3 099	5 713
24	贵州	789	11.78	1 377	4 191
25	云南	1 060	7.17	1 499	2 995
26	陕西	1 073	7.34	1 529	3 103
27	甘肃	834	6.19	1 126	2 054
28	青海	194	12.82	355	1 185
29	宁夏	455	5.25	588	980
30	新疆	1 185	6.51	1 624	3 051
31	西藏	145	13.35	271	950

根据以上建成区面积，可计算各地区建成区面积占 31 个地区建成区面积总和的比重，如表 6-10 所示。

表 6-10　2015 年、2020 年、2030 年各地区建成区面积占比　单位：%

区域代码	地区	2015 年	2020 年	2030 年
1	北京	2.69	2.51	2.12
2	天津	1.7	1.78	1.89
3	河北	3.73	3.54	3.1
4	辽宁	4.73	4.13	3.07
5	上海	1.92	1.64	1.17
6	江苏	8.04	8	7.71
7	浙江	4.97	4.78	4.3
8	福建	2.71	2.85	3.05
9	山东	8.85	9.08	9.3
10	广东	10.81	10.39	9.35
11	海南	0.65	0.8	1.19
12	山西	2.16	2.09	1.91
13	吉林	2.69	2.4	1.87
14	黑龙江	3.4	2.89	2.02
15	安徽	3.7	3.7	3.62
16	江西	2.49	2.66	2.97
17	河南	4.8	4.75	4.52
18	湖北	4.22	4.26	4.22
19	湖南	3.02	2.75	2.22
20	内蒙古	2.35	2.2	1.86
21	广西	2.45	2.59	2.81
22	重庆	2.55	2.77	3.18
23	四川	4.38	4.72	5.32
24	贵州	1.51	2.1	3.9
25	云南	2.03	2.28	2.79
26	陕西	2.06	2.33	2.89
27	甘肃	1.6	1.71	1.91
28	青海	0.37	0.54	1.1
29	宁夏	0.87	0.89	0.91
30	新疆	2.27	2.47	2.84
31	西藏	0.28	0.41	0.89

（3）分配结果

按照各个地区建成区面积在全国的占比，在地均原则分配法下，2020 年、2030 年各个区域分配得到的全国煤炭消费量的占比如表 6-11 比例 P1、P2 所示。此处，根据实际情况对广东、山西、内蒙古、河北 4 个地区的占比有所调整。

按照 2011—2014 年（煤炭省域消费量的官方统计数据公开到 2014 年）中国各地区煤炭消费量占 31 个地区煤炭消费量总和的比例，可得出各地区实际煤炭消费占比。对比期间对应各地区建成区面积的占比，发现广东、山西、内蒙古、河北 4 个地区实际煤炭消费占比与建成区面积占比的差异较大。如果按建成区面积占比分配，对比实际煤炭消费占比，广东省富余约 6.8 个百分点，河北缺口约 3.2 个百分点，山西缺口约 5.7 个百分点。因此，

P1、P2 中在建成区面积占比的基础上对广东、山西、内蒙古、河北做了调整，广东减少 6 个百分点，山西、内蒙古各增加 2.5 个百分点，河北增加 1 个百分点。最终得到地均原则下 31 个地区煤炭消费的初次分配结果如表 6-11 中分配比例 P1、P2 所示，代入 2020 年、2030 年中国煤炭消费总量目标 41 亿 t、50 亿 t，计算可得各地区 2020 年、2030 年的煤炭消费量，如表 6-11 所示。

表 6-11 地均原则下的各地区煤炭消费量分配

区域代码	地区	2020 年		2030 年	
		分配比例 P1/%	煤炭消费量 Q1/万 t	分配比例 P2/%	煤炭消费量 Q2/万 t
1	北京	2.51	10 291	2.12	10 600
2	天津	1.78	7 298	1.89	9 450
3	河北	4.54	18 614	4.1	20 500
4	辽宁	4.13	16 933	3.07	15 350
5	上海	1.64	6 724	1.17	5 850
6	江苏	8	32 800	7.71	38 550
7	浙江	4.78	19 598	4.3	21 500
8	福建	2.85	11 685	3.05	15 250
9	山东	9.08	37 228	9.3	46 500
10	广东	4.39	17 999	3.35	16 750
11	海南	0.8	3 280	1.19	5 950
12	山西	4.59	18 819	4.41	22 050
13	吉林	2.4	9 840	1.87	9 350
14	黑龙江	2.89	11 849	2.02	10 100
15	安徽	3.7	15 170	3.62	18 100
16	江西	2.66	10 906	2.97	14 850
17	河南	4.75	19 475	4.52	22 600
18	湖北	4.26	17 466	4.22	21 100
19	湖南	2.75	11 275	2.22	11 100
20	内蒙古	4.7	19 270	4.36	21 800
21	广西	2.59	10 619	2.81	14 050
22	重庆	2.77	11 357	3.18	15 900
23	四川	4.72	19 352	5.32	26 600
24	贵州	2.1	8 610	3.9	19 500
25	云南	2.28	9 348	2.79	13 950
26	陕西	2.33	9 553	2.89	14 450
27	甘肃	1.71	7 011	1.91	9 550
28	青海	0.54	2 214	1.1	5 500
29	宁夏	0.89	3 649	0.91	4 550
30	新疆	2.47	10 127	2.84	14 200
31	西藏	0.41	1 681	0.89	4 450
I	东部地区	44.49	182 409	41.25	206 250
II	中部地区	28	114 800	25.85	129 250
III	西部地区	27.51	112 791	32.9	164 500
总计	全国	100	410 000	100	500 000

与实际煤炭消费相比，该地均原则分配方法下，广东分到的量略偏多，需结合后文空气质量约束调整；内蒙古、山西、河北分到的量不够用，需适度削减煤炭消费。京津冀区域空气质量达标约束较紧，河北工业用煤要大幅削减，需要调整产业结构；内蒙古和山西煤炭资源丰富，煤电调出地区，可从全国能源布局的角度适当调整，分配时适度增加电煤。

6.2.1.3 人均原则下的初次分配

（1）人均原则说明

人均原则的基本原则是人均量趋同，是指按某一时间段的人口比例来分配总量。人口多的地区分得较多的煤炭消费量，可以保证人口多、经济欠发达的地区较为公平地获取发展权。比如，目前我国人口较多的中部地区各省份，正处于城市化建设的重要阶段，需要大量的能源消费特别是煤炭消费来支撑经济发展。人均原则可以使这些地区分得较多的煤炭消费量，为这些地区的经济发展提供能源动力。

此处的人均原则分配是指：按省域常住人口数量，按比例分配煤炭消费。基于人均原则的分配方法的合理性在于：首先，人口原则在一定程度上意味着人均量逐步趋同，因此它代表了公平性；其次，人均原则也符合社会发展进程中我国政府所提倡的逐步缩小区域差距、实现共同富裕的理念，符合我国宏观调控的趋势。

在具体分配时，未来年份涉及常住人口的未来变化，要考虑各区域人口增长率。对此，采用的处理方法是：用近 5 年各地区的常住人口增长率均值作为未来年增长率基准，可酌情调整并做说明。

（2）计算过程

基于中国统计年鉴 2010—2015 年（官方统计数据发布到 2015 年）的数据，可得到我国 31 个地区的常住人口（见统计年鉴中常住人口统计指标），并可估计各地区常住人口的增长率。

表 6-12 列出了我国 31 个地区的常住人口的 2015 年实际数值，给出了各省（市、自治区）常住人口的增长率，并据此推算出 2020 年、2030 年的各地区常住人口预测值。在各地区增长率的估算过程中，计算 2011—2015 年常住人口的年均增长率并取算术平均值，计算可得增长率的无偏估计。

表 6-12 2015 年、2020 年、2030 年各地区常住人口

区域代码	地区	2015 年 常住人口/万人	增长率/%	2020 年 常住人口/万人	2030 年 常住人口/万人
1	北京	2 171	2.05	2 403	2 942
2	天津	1 547	3.56	1 843	2 615
3	河北	7 425	0.63	7 663	8 163
4	辽宁	4 382	0.03	4 389	4 403

区域代码	地区	2015 年 常住人口/万人	增长率/%	2020 年 常住人口/万人	2030 年 常住人口/万人
5	上海	2 415	0.96	2 533	2 786
6	江苏	7 976	0.27	8 084	8 306
7	浙江	5 539	0.34	5 633	5 825
8	福建	3 839	0.78	3 991	4 313
9	山东	9 847	0.53	10 113	10 667
10	广东	10 849	0.77	11 273	12 172
11	海南	911	0.95	955	1 050
12	山西	3 664	0.50	3 756	3 948
13	吉林	2 753	0.04	2 759	2 771
14	黑龙江	3 812	−0.11	3 791	3 750
15	安徽	6 144	0.62	6 337	6 741
16	江西	4 566	0.46	4 672	4 893
17	河南	9 480	0.16	9 556	9 709
18	湖北	5 852	0.43	5 979	6 240
19	湖南	6 783	0.64	7 003	7 464
20	内蒙古	2 511	0.31	2 551	2 632
21	广西	4 796	0.79	4 990	5 400
22	重庆	3 017	0.90	3 155	3 450
23	四川	8 204	0.39	8 366	8 700
24	贵州	3 530	0.29	3 582	3 688
25	云南	4 742	0.60	4 886	5 188
26	陕西	3 793	0.31	3 852	3 972
27	甘肃	2 600	0.31	2 641	2 724
28	青海	588	0.87	614	670
29	宁夏	668	1.08	705	785
30	新疆	2 360	1.55	2 549	2 974
31	西藏	324	1.55	350	408

根据以上常住人口数量，可计算各地区常住人口占 31 个地区常住人口总和的比重，如表 6-13 所示。

表 6-13 2015 年、2020 年、2030 年各地区常住人口占比 单位：%

区域代码	地区	2015 年	2020 年	2030 年
1	北京	1.58	1.7	1.97
2	天津	1.13	1.31	1.75
3	河北	5.42	5.44	5.47
4	辽宁	3.20	3.11	2.95
5	上海	1.76	1.8	1.87
6	江苏	5.82	5.73	5.56
7	浙江	4.04	4.00	3.9
8	福建	2.8	2.83	2.89
9	山东	7.18	7.17	7.14
10	广东	7.91	8	8.15
11	海南	0.66	0.68	0.7
12	山西	2.67	2.66	2.64
13	吉林	2.01	1.96	1.86
14	黑龙江	2.78	2.69	2.51
15	安徽	4.48	4.5	4.51
16	江西	3.33	3.31	3.28
17	河南	6.92	6.78	6.5
18	湖北	4.27	4.24	4.18
19	湖南	4.95	4.97	5
20	内蒙古	1.83	1.81	1.76
21	广西	3.5	3.54	3.62
22	重庆	2.2	2.24	2.31
23	四川	5.98	5.93	5.83
24	贵州	2.57	2.54	2.47
25	云南	3.46	3.47	3.47
26	陕西	2.77	2.73	2.66
27	甘肃	1.9	1.87	1.82
28	青海	0.43	0.44	0.45
29	宁夏	0.49	0.5	0.53
30	新疆	1.72	1.81	1.99
31	西藏	0.24	0.25	0.27

（3）分配结果

按照各个省（市、自治区）常住人口在全国的占比，在人均原则分配法下，2020 年、2030 年各个区域分配得到的全国煤炭消费量的占比如表 6-14 比例 P3、P4 所示。此处，根据实际情况对内蒙古、山西、广东、四川 4 个地区的占比有所调整。

按照 2011—2014 年（煤炭省域消费量的官方统计数据公开到 2014 年）中国各地区煤炭消费量占 31 个地区煤炭消费量总和的比例，可得出各地区实际煤炭消费占比。对比期间对应各地区常住人口的占比，发现内蒙古、山西、广东、四川 4 地区实际煤炭消费占比与常住人口占比的差异较大。如果按常住人口占比分配，对比实际煤炭消费占比，广东省、四川省分别富余约 3.9 个百分点、3.4 个百分点，内蒙古、山西缺口约 6.6 个百分点、6.1 个百分点。因此，P3、P4 中在常住人口占比的基础上对广东、山西、内蒙古、河北做了调整：广东、四川各减少 3.5 个百分点、3 个百分点，内蒙古、山西各增加 3.5 个百分点、3 个百分点。

最终得到人均原则下 31 个省（市、自治区）煤炭消费的初次分配结果如表 6-14 中分配比例 P3、P4 所示，代入 2020 年、2030 年中国煤炭消费总量目标 41 亿 t、50 亿 t，计算可得各省（市、自治区）2020 年、2030 年的煤炭消费量，如表 6-14 所示。

表 6-14 人均原则下的各地区煤炭消费量分配

区域代码	地区	2020 年		2030 年	
		分配比例 P3/%	煤炭消费量 Q3/万 t	分配比例 P4/%	煤炭消费量 Q4/万 t
1	北京	1.7	6 970	1.97	9 850
2	天津	1.31	5 371	1.75	8 750
3	河北	5.44	22 304	5.47	27 350
4	辽宁	3.11	12 751	2.95	14 750
5	上海	1.8	7 380	1.87	9 350
6	江苏	5.73	23 493	5.56	27 800
7	浙江	4	16 400	3.9	19 500
8	福建	2.83	11 603	2.89	14 450
9	山东	7.17	29 397	7.14	35 700
10	广东	4.5	18 450	4.65	23 250
11	海南	0.68	2 788	0.7	3 500
12	山西	5.66	23 206	5.64	28 200
13	吉林	1.96	8 036	1.86	9 300
14	黑龙江	2.69	11 029	2.51	12 550
15	安徽	4.5	18 450	4.51	22 550
16	江西	3.31	13 571	3.28	16 400
17	河南	6.78	27 798	6.5	32 500
18	湖北	4.24	17 384	4.18	20 900
19	湖南	4.97	20 377	5	25 000
20	内蒙古	5.31	21 771	5.26	26 300
21	广西	3.54	14 514	3.62	18 100
22	重庆	2.24	9 184	2.31	11 550
23	四川	2.93	12 013	2.83	14 150
24	贵州	2.54	10 414	2.47	12 350
25	云南	3.47	14 227	3.47	17 350
26	陕西	2.73	11 193	2.66	13 300
27	甘肃	1.87	7 667	1.82	9 100
28	青海	0.44	1 804	0.45	2 250
29	宁夏	0.5	2 050	0.53	2 650
30	新疆	1.81	7 421	1.99	9 950
31	西藏	0.25	1 025	0.27	1 350
I	东部地区	38.26	156 866	38.84	194 200
II	中部地区	34.11	139 851	33.48	167 400
III	西部地区	27.63	113 283	27.68	138 400
总计	全国	100	410 000	100	500 000

与实际煤炭消费相比，在人均原则分配方法下各个地区分配得到的量与实际量的差距不大，均在 2 个百分点以内；新疆、山东分到的量略紧张，面临削减煤炭消费的压力；江西、湖北分到的量略宽松，削减煤炭消费的压力相对较小。

6.2.1.4 初次分配结果优化及分析

（1）混合指标下的分配结果优化

地均原则下的分配主要考虑了生态空间承载力，人均原则下的分配主要考虑了社会发展公平。根据混合指标原则和优化决策方法，此处对地均原则和人均原则下得到的分配比例进行加权平均。根据专家访谈和专家打分法确定相应权重。确定 2020 年各地区煤炭消费比例 P5 为地均原则 P1 和人均原则 P3 的权重分别为 0.6 和 0.4；2030 年各地区煤炭消费比例 P6 为地均原则 P2 和人均原则 P4 的权重分别为 0.3 和 0.7。其中，由于北京市相关规划已明确控煤，而山西、内蒙古外调电力用煤比重较大，对北京、内蒙古、山西 3 地的比例有所调整，北京减少 2 个百分点，山西、内蒙古各增加 1 个百分点。最终得到各地区煤炭消费量初次分配结果如表 6-15 所示。

表 6-15 各地区煤炭消费量初次分配结果表

区域代码	地区	2020 年		2030 年	
		分配比例 P5/%	煤炭消费量 Q5/万 t	分配比例 P6/%	煤炭消费量 Q6/万 t
1	北京	0.19	779	0.02	100
2	天津	1.59	6 519	1.79	8 950
3	河北	4.9	20 090	5.06	25 300
4	辽宁	3.72	15 252	2.99	14 950
5	上海	1.7	6 970	1.66	8 300
6	江苏	7.09	29 069	6.21	31 050
7	浙江	4.47	18 327	4.02	20 100
8	福建	2.84	11 644	2.94	14 700
9	山东	8.32	34 112	7.79	38 950
10	广东	4.43	18 163	4.26	21 300
11	海南	0.75	3 075	0.85	4 250
12	山西	6.02	24 682	6.27	31 350
13	吉林	2.22	9 102	1.86	9 300
14	黑龙江	2.81	11 521	2.36	11 800
15	安徽	4.02	16 482	4.24	21 200
16	江西	2.92	11 972	3.19	15 950
17	河南	5.56	22 796	5.91	29 550

区域代码	地区	2020 年		2030 年	
		分配比例 P5/%	煤炭消费量 Q5/万 t	分配比例 P6/%	煤炭消费量 Q6/万 t
18	湖北	4.25	17 425	4.19	20 950
19	湖南	3.64	14 924	4.17	20 850
20	内蒙古	5.94	24 354	5.99	29 950
21	广西	2.97	12 177	3.38	16 900
22	重庆	2.56	10 496	2.57	12 850
23	四川	4	16 400	3.58	17 900
24	贵州	2.28	9 348	2.9	14 500
25	云南	2.76	11 316	3.27	16 350
26	陕西	2.49	10 209	2.73	13 650
27	甘肃	1.77	7 257	1.85	9 250
28	青海	0.5	2 050	0.65	3 250
29	宁夏	0.73	2 993	0.64	3 200
30	新疆	2.21	9 061	2.25	11 250
31	西藏	0.35	1 435	0.46	2 300
I	东部地区	40	164 000	37.55	187 750
II	中部地区	31.44	128 904	32.17	160 850
III	西部地区	28.56	117 096	30.28	151 400
总计	全国	100	410 000	100	500 000

（2）分配结果分析

以上基于混合指标原则的初次分配结果，从宏观层面兼顾了生态空间承载力和社会发展公平；在权重设计方面内在地体现了优化决策方法的运用，在 2020 年分配比例 P5（表 6-15）的计算侧重地均原则，2030 年分配比例 P6（表 6-15）的计算侧重人均原则。这是因为到 2020 年，主要面临的压力还是城市化建设及工业发展带来的环境承载力压力和区域大气污染压力，因此以已建成区面积为代表的地均原则，侧重空间容量；到 2030 年，我国经济转型基本完成，重污染粗放型的传统经济发展方式逐渐淘汰，经济发展转向绿色可持续，社会发展更加公平，各个区域人均资源更加均衡，因此以常住人口为代表的人均原则，侧重人均公平。

我国西藏地区的能源消费数据统计数据缺失，煤炭消费的数据资料也很少，很多研究中直接忽略了西藏。西藏空间容量较大，地广人稀，人民生活水平和能源消费水平处于逐步提高的阶段。本书基于省域煤炭消费分配标的 31 个地区完整性考虑，未忽略西藏的煤炭消费；在混合指标原则下对地均原则和人均原则加权平均得到西藏的煤炭消费数据供参考。

综上所述，我国 31 个地区煤炭消费的初次分配结果基本合理可信。后文的系数调整将在此基础（以分配比例 P5、P6 下得到的煤炭消费量为基础）上进行。

6.2.2　二次分配

6.2.2.1　基于环境空气质量改善的煤炭消费优化调整

基于煤控课题组的相关研究，控制煤炭消费是确保空气质量达标的前提。

环境空气质量对应大气污染物浓度，空气质量达标约束通过相关大气模式模型研究结果可直接对应到大气污染物排放总量，从而得出大气污染物减排量；大气污染物排放总量与煤炭消费总量之间有较好的统计相关性，可通过计量经济学回归模型得出二者之间的关系；最终对应得出环境空气质量约束下的煤炭消费量。

在此部分，从空气质量达标约束污染物浓度到污染物排放量，用到基于机理与过程的模型模拟，直接利用既有研究成果；从污染物排放量到煤炭消费，用到基于统计方法的预测和模拟，基于历史统计数据进行量化分析。

（1）污染物排放与煤炭消费的关系

基于 2011—2014 年各地区的统计数据（中国统计年鉴，官方统计数据），煤炭消费量和 SO_2、NO_x、烟粉尘等主要大气污染物排放量具有显著的正相关性。煤炭消费与污染物排放的相关系数如表 6-16 所示。

表 6-16　煤炭消费与污染物排放的相关系数

		煤炭消费量/万 t	SO_2 排放/t	NO_x 排放/t	烟粉尘排放/t
煤炭消费量/万 t	Pearson 相关性	1	0.915**	0.927**	0.819**
	显著性（双侧）		0.000	0.000	0.000
SO_2 排放/t	Pearson 相关性	0.915**	1	0.899**	0.780**
	显著性（双侧）	0.000		0.000	0.000
NO_x 排放/t	Pearson 相关性	0.927**	0.899**	1	0.784**
	显著性（双侧）	0.000	0.000		0.000
烟粉尘排放/t	Pearson 相关性	0.819**	0.780**	0.784**	1
	显著性（双侧）	0.000	0.000	0.000	

注：**为在 0.01 水平（双侧）上显著相关。

对 SO_2、NO_x、烟粉尘等主要大气污染物排放量及煤炭消费量取 ln 值后，更能看出排放量与煤炭消费量之间同向增长变化的高度相关性。取对数后，煤炭消费总量与污染物排放总量的散点如图 6-1 所示。

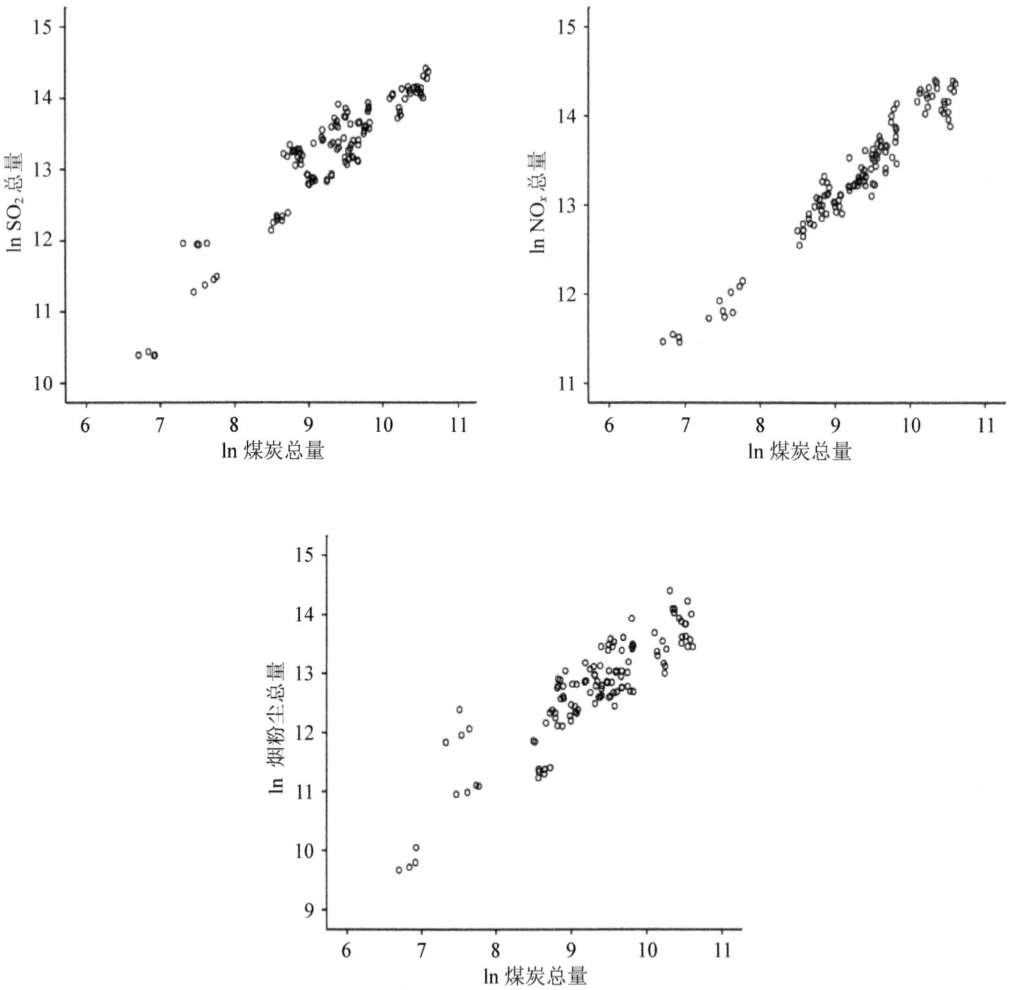

图 6-1　煤炭消费与污染物排放的散点

可见，SO_2、NO_x、烟粉尘等大气污染物排放量与煤炭消费量之间存在着显著的线性相关性。

对 SO_2、NO_x、烟粉尘取 ln 值后作为解释变量，对煤炭消费量取 ln 值后作为被解释变量（注：针对煤炭消费与大气污染物排放的关系考察，此处只考察统计意义上的联动变化和相关关系，不严格区分先后因果关系），做多元回归分析，得到回归系数如表 6-17 所示。

表 6-17　污染物排放与煤炭消费的回归系数

$\ln Coal=\alpha+\beta_1\ln SO_2+\beta_2\ln NO_x+\beta_3\ln PM$	非标准化系数		标准系数	t 检验		F 检验		调整 R^2
	B	标准误差	Beta	t 值	Sig.	F 值	Sig.	
（常量）	−6.225	0.314		−19.824	0.000	946.428	0.000	0.960
$\ln SO_2$	0.201	0.055	0.195	3.639	0.000			
$\ln NO_x$	0.869	0.057	0.703	15.168	0.000			
lnPM	0.101	0.041	0.106	2.436	0.016			

由表 6-17 可知，回归方程拟合效果较好，调整后的判定系数（调整 R^2）为 0.960。从回归方程的显著性检验看，F 检验 P 值（Sig.）显示为 0.000，表示在 0.05 的显著性水平下可通过检验。从回归系数的显著性检验看，二氧化硫、氮氧化物均能在 0.05 的显著性水平下通过 t 检验，显著性表现较好；但烟粉尘的 t 检验显著性略欠佳（0.16 略大于 0.1，不能在 0.05 和 0.1 的显著性水平下通过 t 检验）。

同时，考虑到计量的严谨性和有效性，还考察了残差分析，并对面板数据多元回归中常见的异方差、自相关等问题进行了相关检验，基本通过检验。在多重共线性检验中，VIF 统计量（容差 tolerance 的倒数）为 5.5～8.5，没有超过 10，任务多重共线性问题不严重。

综上所述，可得出煤炭消费量与 SO_2、NO_x、烟粉尘等大气污染物排放量之间的回归方程（下面方程式右侧 $\ln SO_2$、$\ln NO_x$、lnPM 分别代表 SO_2、NO_x、烟粉尘取 ln 值，左侧 lnCoal 代表煤炭消费量取 ln 值）如式（6-1）所示：

$$\ln Coal = -6.225+0.201\ln SO_2+0.869\ln NO_x+0.101\ln PM \qquad (6\text{-}1)$$

从式（6-1）可知，在其他条件不变的情况下，SO_2、NO_x、烟粉尘的排放量每增加（或削减）1%，对应地，煤炭消费量将分别增加（或削减）0.201%、0.869%、0.101%。

（2）空气质量与煤炭消费量的关系

由于空气质量（污染物浓度）难以直接对应煤炭消费量，引入大气污染物减排量的中间目标。通过利用煤控课题组的相关成果，引用空气质量改善约束下的污染物减排量，从而再去对应到煤炭消费削减量和煤炭消费总量控制目标。

① 环境空气质量约束与污染物减排。

GB 3095—2012 规定的 $PM_{2.5}$ 浓度限值为 35 μg/m³。2030 年以前，分区域逐步实现达标，$PM_{2.5}$ 超标 30%以内的城市率先达标，具体目标为：到 2020 年，京津冀区域、长三角区域、珠三角区域及其他地区的 $PM_{2.5}$ 浓度分别达到 64 μg/m³、48 μg/m³、35 μg/m³、50 μg/m³；到 2030 年，京津冀区域、长三角区域、珠三角区域以及其他地区的 $PM_{2.5}$ 浓度分别达到 35 μg/m³、34 μg/m³、27 μg/m³、35 μg/m³。

基于以上空气质量改善目标，根据原环境保护部环境规划院发布的研究报告：基于全国城市 $PM_{2.5}$ 年均浓度达标约束的大气环境容量，全国 SO_2、NO_x、一次 $PM_{2.5}$ 的环境容量分别约为 1 363 万 t、1 258 万 t、619 万 t；以 2012 年各种污染物实际排放量为基础，全国 SO_2、NO_x、一次 $PM_{2.5}$ 排放量分别超过环境容量的 67%、91%、81%。设定 2030 年达标，此超出量即为到 2030 年的参考减排量。

与此相印证，煤控课题组研究员贺克斌发布“空气质量红线对煤炭消费的约束”报告，相比 2012 年，2020 年各省空气质量改善目标对应的大气污染物削减量：全国 SO_2、NO_x、烟粉尘分别要减排 406.9 万 t、476.5 万 t、292.9 万 t，削减比例约为 19%、20%、24%。

由此推算，到 2030 年，全国 SO_2、NO_x、烟粉尘要在 2020 年的基础上继续削减 59%、89%、75%。对应地，代入式（6-1），可以计算得出煤炭消费削减量为 Max（0.201×59%，0.869×89%，0.101×75%）=77%。

参考以上研究数值，本书兼顾区域大气污染传输矩阵和相关大气模式研究结果，选取空气质量改善目标下，相比 2012 年（以统计年鉴中 SO_2、NO_x、烟粉尘的 2012 年排放量数据为准），2020 年大气污染物削减量如表 6-18 所示。

表 6-18　空气质量改善目标下 2020 年对应的大气污染物削减量

区域代码	地区	污染物削减量/万 t			污染物削减百分比/%		
		SO_2	NO_x	烟粉尘	SO_2	NO_x	烟粉尘
1	北京	3.9	5.9	3.9	41.56	33.24	58.36
2	天津	7.1	10.2	5.8	31.62	30.52	69
3	河北	43.1	51.4	43.2	32.14	29.19	34.95
4	辽宁	17.2	17	9	16.25	16.4	12.39
5	上海	6.3	12.5	3.4	27.61	31.12	39.01
6	江苏	33.1	50.6	22.1	33.37	34.2	49.86
7	浙江	16.2	23.1	8.3	25.89	28.56	32.67
8	福建	0.3	1	0.7	0.81	2.14	2.77
9	山东	52.2	53.9	36.8	29.85	31	52.93
10	广东	15	26.6	6.9	18.77	20.41	21.02
11	海南	0	0	0	0	0	0
12	山西	23	23.5	12.5	17.67	18.89	11.67
13	吉林	3.3	5.6	3.2	8.18	9.72	12.09
14	黑龙江	4.4	7.5	4.9	8.56	9.61	7.01

区域代码	地区	污染物削减量/万 t			污染物削减百分比/%		
		SO_2	NO_x	烟粉尘	SO_2	NO_x	烟粉尘
15	安徽	14.6	27.6	18.4	28.1	29.96	39.82
16	江西	6.6	7.3	3.7	11.63	12.65	10.35
17	河南	44.6	55.2	32.2	34.96	33.95	53.68
18	湖北	16.2	17.3	16.1	26.03	27.03	46.05
19	湖南	15.4	15.1	12.9	23.88	24.87	37.86
20	内蒙古	3	4.4	2	2.17	3.1	2.4
21	广西	2.3	2.4	3.4	4.56	4.82	11.34
22	重庆	10.2	7	4.3	18.06	18.29	23.59
23	四川	23.9	16.9	20.5	27.65	25.64	69.3
24	贵州	21	11	8.6	20.17	19.52	29.2
25	云南	1.7	1.9	1.1	2.53	3.49	2.82
26	陕西	13.2	11.5	5.1	15.64	14.23	11.04
27	甘肃	3.6	2.4	1.3	6.29	5.07	6.26
28	青海	0.5	0.6	0.2	3.25	4.76	1.28
29	宁夏	1.3	2.1	0.5	3.2	4.61	2.52
30	新疆	3.7	5.1	2	4.65	6.22	2.87
31	西藏	0	0	0	0.00	0.00	0.00

② 污染物减排目标与煤炭消费。

把表 6-18 的污染物削减百分比数据代入式（6-1），可以计算得出煤炭消费削减百分比=Max（0.201×SO_2 削减百分比，0.869×NO_x 削减百分比，0.101×烟粉尘削减百分比），进而得出空气质量改善目标下 2020 年对应的煤炭消费量 Q7（在 2012 年消费量的基础上减去削减量即可得到）。按照各省（市、自治区）煤炭消费量 Q7 的占比，可得出分配比例 P7。

当空气质量约束下 2020 年煤炭消费量 Q7 小于第 6.2.1 节初次分配的煤炭消费量 Q5 时，环境约束（空气质量约束）更严格，定义环境约束调整系数为 A1，其中 A1=Q7/Q5。

空气质量改善目标下，煤炭消费的削减百分比、削减量、2020 年消费量 Q7 以及调整系数 A1 计算整理如表 6-19 所示。

表 6-19 空气质量改善目标下 2020 年对应的煤炭消费

区域代码	地区	煤炭消费削减百分比/%	煤炭消费削减量/万 t	煤炭消费量 Q7/万 t	分配比例 P7/%	调整系数 A1
1	北京	28.89	656	1 614	0.45	2.066
2	天津	26.52	1 405	3 893	1.08	0.582
3	河北	25.36	7 954	23 405	6.49	1.137
4	辽宁	14.26	2 597	15 622	4.33	0.999
5	上海	27.05	1 542	4 161	1.15	0.581
6	江苏	29.72	8 250	19 512	5.41	0.655
7	浙江	24.82	3 567	10 807	3	0.576
8	福建	1.86	158	8 327	2.31	0.698
9	山东	26.93	10 837	29 396	8.15	0.842
10	广东	17.73	3 127	14 507	4.02	0.779
11	海南	0	0	931	0.26	0.295
12	山西	16.42	5 672	28 879	8	1.143
13	吉林	8.45	937	10 146	2.81	1.086
14	黑龙江	8.35	1 166	12 799	3.55	1.084
15	安徽	26.03	3 828	10 876	3.01	0.644
16	江西	10.99	748	6 054	1.68	0.494
17	河南	29.5	7 447	17 793	4.93	0.762
18	湖北	23.49	3 711	12 088	3.35	0.677
19	湖南	21.61	2 611	9 473	2.63	0.620
20	内蒙古	2.69	987	35 633	9.88	1.427
21	广西	4.19	304	6 960	1.93	0.558
22	重庆	15.9	1 073	5 677	1.57	0.528
23	四川	22.29	2 646	9 226	2.56	0.549
24	贵州	16.96	2 261	11 067	3.07	1.158
25	云南	3.03	299	9 551	2.65	0.825
26	陕西	12.37	1 951	13 823	3.83	1.322
27	甘肃	4.41	289	6 269	1.74	0.841
28	青海	4.14	77	1 782	0.49	0.849
29	宁夏	4.01	323	7 732	2.14	2.508
30	新疆	5.41	650	11 378	3.15	1.228
31	西藏	0	0	1 453*	0.4	1.000

注：*由于西藏煤炭消费量统计数据缺失，此处按前文 6.2.1 节 Q5 数据计。

设空气质量约束下 2030 年煤炭消费量为 Q8，已知 Q8 总量要在 Q7 总量的基础上继续削减 77%。定义系数 D 为空气质量约束下 2030 年煤炭消费量与 2020 年煤炭消费量的倍数，即 D=Q8 总量/Q7 总量=1−0.77=0.33。空气质量约束下 2030 年煤炭消费量的调整系数为 A2，其中 A2=A1×D，计算可得 A2 如表 6-20 所列；进一步，可计算得出 Q8=Q6×A2。

按照各省（市、自治区）煤炭消费量 Q8 的占比，可得出分配比例 P8，数据如表 6-20 所示。

表 6-20　空气质量改善目标下 2030 年对应的煤炭消费

区域代码	地区	调整系数 A2	煤炭消费量 Q8/万 t	分配比例 P8/%
1	北京	0.682	53	0.04
2	天津	0.192	1 790	1.22
3	河北	0.375	9 873	6.72
4	辽宁	0.33	5 121	3.48
5	上海	0.192	1 656	1.13
6	江苏	0.216	6 975	4.75
7	浙江	0.19	3 973	2.7
8	福建	0.23	3 517	2.39
9	山东	0.278	11 248	7.65
10	广东	0.257	5 695	3.87
11	海南	0.097	428	0.29
12	山西	0.377	12 295	8.37
13	吉林	0.358	3 472	2.36
14	黑龙江	0.358	4 397	2.99
15	安徽	0.213	4 690	3.19
16	江西	0.163	2 700	1.84
17	河南	0.251	7 719	5.25
18	湖北	0.223	4 869	3.31
19	湖南	0.205	4 432	3.02
20	内蒙古	0.471	14 671	9.98
21	广西	0.184	3 233	2.2
22	重庆	0.174	2 331	1.59
23	四川	0.181	3 367	2.29
24	贵州	0.382	5 759	3.92
25	云南	0.272	4 624	3.15
26	陕西	0.436	6 190	4.21
27	甘肃	0.278	2 667	1.81
28	青海	0.28	939	0.64
29	宁夏	0.828	2 772	1.89
30	新疆	0.405	4 731	3.22
31	西藏	0.33	782	0.53

（3）空气质量约束下的煤炭消费分配调整

由上述内容可得到空气质量改善约束（空气质量不退化，且分阶段在 2030 年达标）下的煤炭消费量省域分配在 2020 年和 2030 年分别为煤炭消费量 Q7、Q8（表 6-19 和表 6-20）。

从煤炭消费总量方面来看，由于空气质量改善约束较为严格，在此约束下，各个省（市）自治区保证满足空气质量改善约束时，我国的煤炭消费总量（31 省、市、区加总所得）在 2020 年和 2030 年分别约为 36 亿 t 和 15 亿 t，远低于 5.4.2 节低碳约束下的总量目标 41 亿 t 和 53 亿 t。

从煤炭消费区域分配比例方面来看，分配比例 P7、P8 考虑了区域空气质量改善约束的差异性，符合重污染区域重点减煤的要求。

6.2.2.2 基于经济发展的煤炭消费优化调整

（1）煤炭消费与经济增长的关系

根据统计年鉴中按当年价格计算的地区生产总值名义 GDP 数据以及居民消费价格指数 CPI 数据，可计算得出按基年不变价计算的实际 GDP。此处，数据选取 1995—2015 年的分省年度数据，实际 GDP 按 1995 年不变价计算。

考虑区域资源禀赋和社会经济发展差异，参考官方统计 3 大地带分区，分为东、中、西部 3 大地区（此处分区同第 4 章第二段描述）：东部地区包括北京市、天津市、河北省、辽宁省、上海市、江苏省、浙江省、福建省、山东省、广东省、海南省，共 11 个省市；中部地区包括山西省、吉林省、黑龙江省、安徽省、江西省、河南省、湖北省、湖南省，共 8 个省；西部地区包括内蒙古自治区、广西壮族自治区、重庆市、四川省、贵州省、云南省、陕西省、甘肃省、青海省、宁夏回族自治区、新疆维吾尔自治区、西藏自治区，共 12 个省（市、自治区）。

考察经济增长变量实际 GDP 与煤炭消费量二者之间的相关性，相关系数如表 6-21 所示。

表 6-21 煤炭消费与 GDP 的相关系数

		GDP-东部	煤炭-东部	GDP-中部	煤炭-中部	GDP-西部	煤炭-西部
GDP-东部	Pearson 相关性	1	0.749**	0.934**	0.548**	0.267**	0.183**
	显著性（双侧）		0.000	0.000	0.000	0.000	0.007
煤炭-东部	Pearson 相关性	0.749**	1	0.588**	0.238**	0.191**	–0.107
	显著性（双侧）	0		0	0.002	0.005	0.118
GDP-中部	Pearson 相关性	0.934**	0.588**	1	0.521**	0.631**	0.365**
	显著性（双侧）	0.000	0.000		0.000	0.000	0.000
煤炭-中部	Pearson 相关性	0.548**	0.238**	0.521**	1	0.517**	0.751**
	显著性（双侧）	0.000	0.002	0.000		0.000	0.000
GDP-西部	Pearson 相关性	0.267**	0.191**	0.631**	0.517**	1	0.670**
	显著性（双侧）	0.000	0.005	0.000	0.000		0.000
煤炭-西部	Pearson 相关性	0.183**	–0.107	0.365**	0.751**	0.670**	1
	显著性（双侧）	0.007	0.118	0.000	0.000	0.000	

注：**为在 0.01 水平（双侧）上显著相关。

由表 6-21 可以看出，我国东、中、西部地区，煤炭消费与实际 GDP 均有显著的正相关性。

以经济增长变量实际 GDP 为自变量，以煤炭消费量为因变量，做对数化处理后，按东、中、西部 3 大地区分区做回归分析。东、中、西部地区的实际 GDP 取对数后分别用 $\ln G_1$、$\ln G_2$、$\ln G_3$ 表示，东、中、西部地区的煤炭消费量取对数后分别用 $\ln C_1$、$\ln C_2$、$\ln C_3$ 表示。

散点图和拟合曲线如图 6-2 所示，东部地区适合二次曲线拟合（倒 U 形曲线，如图中虚线所示），中部和西部地区适合一次曲线拟合（向上倾斜的直线，如图中实线所示）。中部地区由于区域内不同地区的煤炭消费状况差异较大，因此点比较离散拟合优度略差。

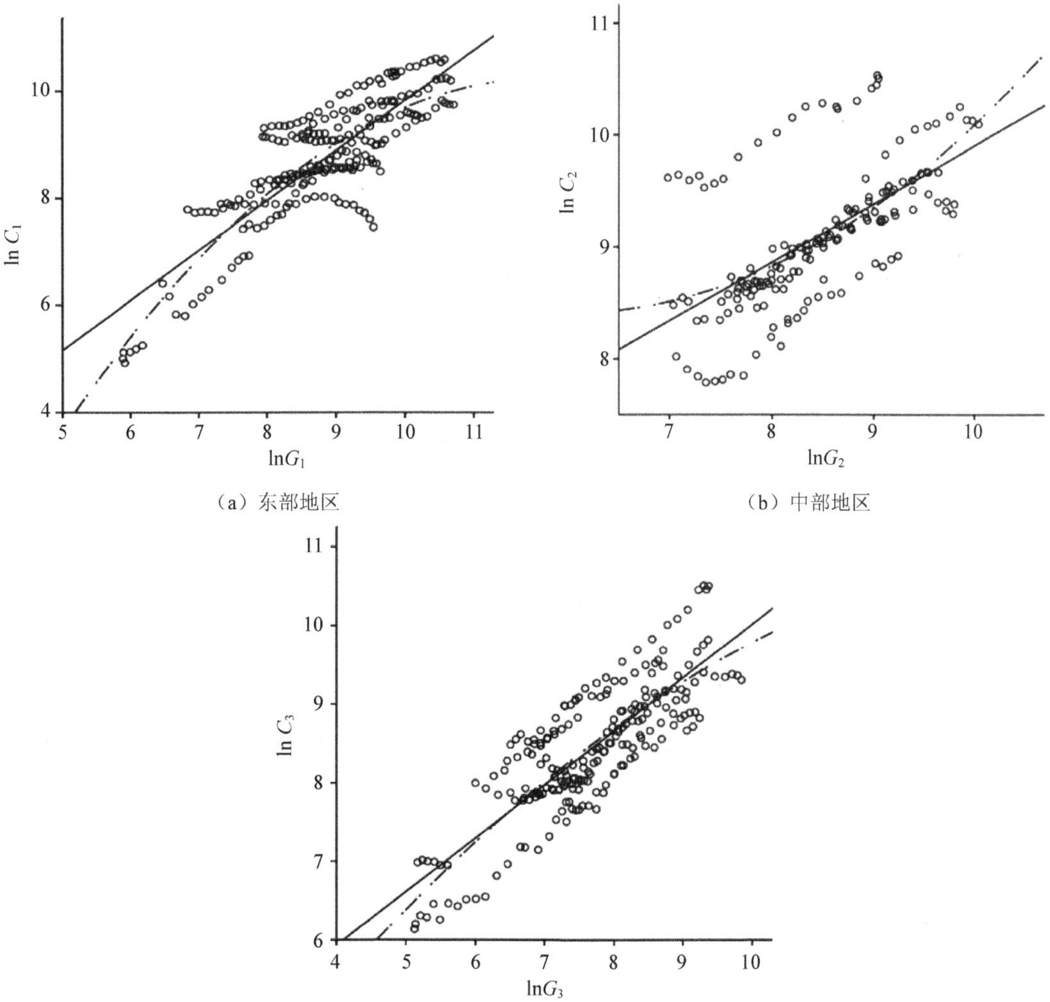

（a）东部地区　（b）中部地区　（c）西部地区

图 6-2　经济增长与煤炭消费的散点图

注：横轴均为 lnGDP，纵轴均为 lnCoal。

尝试线性、二次等多种模型拟合后，综合考虑系数显著性和拟合优度等表现，通过优选，得到回归结果如表 6-22 所示。

表 6-22 经济增长与煤炭消费的回归系数表

$\ln C_i=\alpha+\beta_1\ln G_i+\beta_2(\ln G_i)^2$		非标准化系数		标准系数	t 检验		F 检验		调整 R^2
		B	标准误差	Beta	t 值	Sig.	F 值	Sig.	
东部	（常量）	−8.985	1.998		−4.497	0.000	300.143	0.000	0.734
	$\ln G_1$	3.194	0.471	2.877	6.78	0.000			
	$(\ln G_1)^2$	−0.133	0.028	−2.042	−4.814	0.000			
中部	（常量）	4.694	0.451		10.418	0.000	95.868	0.000	0.374
	$\ln G_2$	0.521	0.053	0.615	9.791	0.000			
西部	（常量）	3.205	0.243		13.175	0.000	469.385	0.000	0.685
	$\ln G_3$	0.682	0.031	0.829	21.665	0.000			

从回归方程的显著性检验看，F 检验 P 值（Sig.）显示为 0.000，表示在 0.01 的显著性水平下可通过检验。从回归系数的显著性检验看，t 检验 P 值（Sig.）显示为 0.000，表示在 0.01 的显著性水平下可通过检验。显著性表现较好。最终得到东、中、西部地区经济增长与煤炭消费的回归方程（下列方程式中 G_1、G_2、G_3 分别代表东、中、西部地区的 GDP，C_1、C_2、C_3 分别代表东、中、西部地区的煤炭消费量）如下：

$$\ln C_1=-8.985+3.194\ln G_1-0.133(\ln G_1)^2 \quad (6\text{-}2)$$

$$\ln C_2=4.694+0.521\ln G_2 \quad (6\text{-}3)$$

$$\ln C_3=3.205+0.682\ln G_3 \quad (6\text{-}4)$$

（2）基于经济增长的煤炭消费预测

各地区的 GDP 数据按 1995 年不变价计，假设经济增速为年均 6.5%，可得到各地区 2020 年、2030 年的实际 GDP 数据。据按 1995 年不变价计，GDP 计算结果整理如表 6-23 所示。

按各地区东、中、西部地区分区，把各地区 2020 年、2030 年的 GDP 数据分别对应代入等上述回归方程，可计算得到各地区 2020 年、2030 年的煤炭消费量分别记为 Q9、Q10，并可计算得出各省煤炭消费所占比例对应记为 P9、P10。按照 6.2.1.2 中的初次分配结果，2020 年、2030 年的煤炭消费量分别为 Q5、Q6，可计算得到 2020 年、2030 年的调整系数为 A3、A4，其中 A3=Q9/Q5，A4=Q10/Q6。最终计算结果整理如表 6-24 所示。

表6-23　各地区GDP预测　单位：亿元

区域代码	地区	2015年	2020年	2030年
1	北京	14 848	20 343	38 187
2	天津	10 670	14 618	27 441
3	河北	19 230	26 346	49 455
4	辽宁	18 496	25 341	47 569
5	上海	16 209	22 207	41 686
6	江苏	45 236	61 977	116 340
7	浙江	27 668	37 908	71 159
8	福建	16 761	22 964	43 107
9	山东	40 646	55 689	104 536
10	广东	46 975	64 360	120 813
11	海南	2 389	3 273	6 144
12	山西	8 236	11 285	21 183
13	吉林	9 073	12 431	23 334
14	黑龙江	9 731	13 333	25 027
15	安徽	14 197	19 451	36 513
16	江西	10 789	14 782	27 749
17	河南	23 872	32 707	61 395
18	湖北	19 064	26 120	49 031
19	湖南	18 646	25 547	47 956
20	内蒙古	11 504	15 762	29 587
21	广西	10 841	14 853	27 880
22	重庆	10 140	13 893	26 079
23	四川	19 389	26 565	49 865
24	贵州	6 776	9 283	17 426
25	云南	8 786	12 038	22 597
26	陕西	11 627	15 930	29 903
27	甘肃	4 381	6 002	11 267
28	青海	1 559	2 136	4 010
29	宁夏	1 879	2 574	4 831
30	新疆	6 016	8 242	15 472
31	西藏	662	907	1 703

表 6-24 经济增长目标下的煤炭消费

区域代码	地区	2020年			2030年		
		煤炭消费量Q9/万t	分配比例P9/%	调整系数A3	煤炭消费量Q10/万t	分配比例P10/%	调整系数A4
1	北京	14 939	3.05	19.123	20 102	2.97	257.718
2	天津	12 255	2.5	1.833	17 430	2.57	1.87
3	河北	17 092	3.49	0.831	22 024	3.25	0.837
4	辽宁	16 768	3.42	1.073	21 749	3.21	1.401
5	上海	15 668	3.2	2.189	20 775	3.07	2.407
6	江苏	23 508	4.8	0.789	26 248	3.88	0.813
7	浙江	20 045	4.09	1.068	24 302	3.59	1.163
8	福建	15 947	3.25	1.336	21 027	3.11	1.376
9	山东	22 831	4.66	0.654	25 953	3.83	0.641
10	广东	23 734	4.84	1.274	26 333	3.89	1.189
11	海南	3 475	0.71	1.1	6 351	0.94	1.442
12	山西	14 123	2.88	0.559	19 607	2.9	0.601
13	吉林	14 853	3.03	1.59	20 621	3.05	2.129
14	黑龙江	15 405	3.14	1.305	21 387	3.16	1.741
15	安徽	18 755	3.83	1.111	26 038	3.85	1.18
16	江西	16 256	3.32	1.326	22 569	3.33	1.362
17	河南	24 587	5.02	1.053	34 135	5.04	1.111
18	湖北	21 869	4.46	1.225	30 361	4.48	1.393
19	湖南	21 617	4.41	1.415	30 012	4.43	1.385
20	内蒙古	17 975	3.67	0.72	27 619	4.08	0.887
21	广西	17 262	3.52	1.384	26 522	3.92	1.51
22	重庆	16 493	3.37	1.535	25 341	3.74	1.895
23	四川	25 662	5.24	1.526	39 429	5.82	2.120
24	贵州	12 528	2.56	1.311	19 249	2.84	1.277
25	云南	14 957	3.05	1.292	22 982	3.39	1.353
26	陕西	18 106	3.7	1.731	27 819	4.11	1.96
27	甘肃	9 305	1.90	1.249	14 297	2.11	1.489
28	青海	4 600	0.94	2.19	7 068	1.04	2.107
29	宁夏	5 223	1.07	1.694	8 025	1.19	2.396
30	新疆	11 552	2.36	1.247	17 749	2.62	1.52
31	西藏	2 565	0.52	1.765	3 941	0.58	1.662
总计		489 955	100%	—	677 065	100	—

（3）经济增长约束下的煤炭消费分配调整

由上述内容可得到实际 GDP 增速 6.5%下的煤炭消费量省域分配在 2020 年和 2030 年分别为煤炭消费量 Q9、Q10（表 6-25）。

表 6-25　2020 年煤炭消费比例汇总分析　单位：%

区域代码	地区	P1	P3	P5	P7	P9	最大比例	最小比例	比例极差
1	北京	2.51	1.7	0.19	0.45	3.05	3.05	0.19	2.86
2	天津	1.78	1.31	1.59	1.08	2.5	2.5	1.08	1.42
3	河北	4.54	5.44	4.9	6.49	3.49	6.49	3.49	3
4	辽宁	4.13	3.11	3.72	4.33	3.42	4.33	3.11	1.22
5	上海	1.64	1.8	1.7	1.15	3.2	3.2	1.15	2.04
6	江苏	8	5.73	7.09	5.41	4.8	8	4.8	3.2
7	浙江	4.78	4	4.47	3	4.09	4.78	3	1.78
8	福建	2.85	2.83	2.84	2.31	3.25	3.25	2.31	0.95
9	山东	9.08	7.17	8.32	8.15	4.66	9.08	4.66	4.42
10	广东	4.39	4.5	4.43	4.02	4.84	4.84	4.02	0.82
11	海南	0.8	0.68	0.75	0.26	0.71	0.8	0.26	0.54
12	山西	4.59	5.66	6.02	8	2.88	8	2.88	5.12
13	吉林	2.4	1.96	2.22	2.81	3.03	3.03	1.96	1.07
14	黑龙江	2.89	2.69	2.81	3.55	3.14	3.55	2.69	0.86
15	安徽	3.7	4.5	4.02	3.01	3.83	4.5	3.01	1.49
16	江西	2.66	3.31	2.92	1.68	3.32	3.32	1.68	1.64
17	河南	4.75	6.78	5.56	4.93	5.02	6.78	4.75	2.03
18	湖北	4.26	4.24	4.25	3.35	4.46	4.46	3.35	1.11
19	湖南	2.75	4.97	3.64	2.63	4.41	4.97	2.63	2.34
20	内蒙古	4.7	5.31	5.94	9.88	3.67	9.88	3.67	6.21
21	广西	2.59	3.54	2.97	1.93	3.52	3.54	1.93	1.61
22	重庆	2.77	2.24	2.56	1.57	3.37	3.37	1.57	1.79
23	四川	4.72	2.93	4	2.56	5.24	5.24	2.56	2.68
24	贵州	2.1	2.54	2.28	3.07	2.56	3.07	2.1	0.97
25	云南	2.28	3.47	2.76	2.65	3.05	3.47	2.28	1.19
26	陕西	2.33	2.73	2.49	3.83	3.7	3.83	2.33	1.5
27	甘肃	1.71	1.87	1.77	1.74	1.9	1.9	1.71	0.19
28	青海	0.54	0.44	0.5	0.49	0.94	0.94	0.44	0.5
29	宁夏	0.89	0.5	0.73	2.14	1.07	2.14	0.5	1.64
30	新疆	2.47	1.81	2.21	3.15	2.36	3.15	1.81	1.34
31	西藏	0.41	0.25	0.35	0.4	0.52	0.52	0.25	0.27
Ⅰ	东部地区	44.5	38.27	40.01	36.63	38.02	44.5	36.63	7.87
Ⅱ	中部地区	28	34.11	31.44	29.96	30.1	34.11	28	6.11
Ⅲ	西部地区	27.51	27.63	28.56	33.41	31.89	33.41	27.51	5.9

从煤炭消费总量方面来看，由于实际 GDP 增速 6.5%略偏高（比名义 GDP 增速 6.5%要高，实际 GDP 的增速约等于名义 GDP 的增速减去通货膨胀因素），在此经济增长目标下，各个省（市、自治区）的煤炭消费量均高于 6.2.1 节中的消费量（大部分地区的调整系数 A3、A4 均远大于 1），我国的煤炭消费总量（31 个地区加总所得）在 2020 年和 2030 年分别约为 49 亿 t 和 68 亿 t，超出第 5.3 节、第 6.2.1 节中的总量，更加远远超出第 6.2.2.1 节中环境空气质量改善目标下的总量。

此外，此处按照 6.5%的经济增速只考虑了 GDP 总量增长因素，而忽略了未来的经济结构调整因素，因此对煤炭消费略有高估。随着经济结构调整，第二产业中高耗能产业比重下降，第三产业服务业比重上升，也会导致煤炭消费比此处预估的数据略低。

从煤炭消费区域分配比例方面来看，分配比例 P9、P10 考虑了东、中、西 3 大地带的经济发展区域差异。

6.2.3 分配结果比较分析

到 2020 年，在地均原则下、人均原则下、混合指标原则下（初次分配结果）、空气质量改善目标下（环境约束下）、经济增长目标下（经济约束下）的 31 个地区煤炭消费分配比例分别如 P1、P3、P5、P7、P9 所示（表 6-25），对应地，煤炭消费量分别如 Q1、Q3、Q5、Q7、Q9 所示（表 6-26）。表 6-25 中计算列出了各种分配方法下各省分配比例的最大值、最小值、极差（最大值与最小值之差），表 6-26 中计算列出了各种分配方法下各省分配量的最大值、最小值、极差（最大值与最小值之差）。此外，各表按东部（区域代码编号 1～11）、中部（编号 12～19）、西部地区（编号 20～31）进行分区汇总便于分析。

如表 6-25 所示，到 2020 年，东、中、西 3 大地带在不同原则下分配比例有所差异。东部地区按建成区面积分到的比例较大，按空气质量改善目标分到的比例较小，说明东部地区城市开发建设相对充分，但重点城市群的空气质量约束较为严格。中部地区按人均面积分到的比例较大，按建成区面积分到的比例较小，这说明中部地区人口较多而城市开发建设相对不足。西部地区按空气质量改善目标分到的比例较大，按建成区面积分到的比例较小，这符合西部地区城市开发建设不足、大气容量较大的发展现状。

由表 6-26 可见，到 2020 年，东、中、西 3 大地带在不同原则下分到的煤炭消费量有所不同。东部地区按建成区面积分到的煤炭消费量较多，按空气改善目标分到的量较少，说明东部地区来自空气质量约束较紧，需进一步减煤。中部地区按经济增长目标分到的量较多，按空气质量改善目标分到的量较少，这说明中部地区经济增长目标与空气质量改善目标之间的矛盾较大。西部地区按经济增长目标分到的量较多，按建成区面积分到的量较少，说明西部地区城市开发建设不足，后期经济增长面临较大煤耗需求。从全国范围整体来看，主要矛盾集中在经济增长目标与空气质量改善目标二者的协调问题。

表 6-26　2020 年煤炭消费量汇总分析　单位：万 t

区域代码	地区	Q1	Q3	Q5	Q7	Q9	最大消费量	最小消费量	消费量极差
1	北京	10 291	6 970	779	1 614	14 939	14 939	779	14 160
2	天津	7 298	5 371	6 519	3 893	12 255	12 255	3 893	8 362
3	河北	18 614	22 304	20 090	23 405	17 092	23 405	17 092	6 313
4	辽宁	16 933	12 751	15 252	15 622	16 768	16 933	12 751	4 182
5	上海	6 724	7 380	6 970	4 161	15 668	15 668	4 161	11 507
6	江苏	32 800	23 493	29 069	19 512	23 508	32 800	19 512	13 288
7	浙江	19 598	16 400	18 327	10 807	20 045	20 045	10 807	9 238
8	福建	11 685	11 603	11 644	8 327	15 947	15 947	8 327	7 620
9	山东	37 228	29 397	34 112	29 396	22 831	37 228	22 831	14 397
10	广东	17 999	18 450	18 163	14 507	23 734	23 734	14 507	9 227
11	海南	3 280	2 788	3 075	931	3 475	3 475	931	2 544
12	山西	18 819	23 206	24 682	28 879	14 123	28 879	14 123	14 756
13	吉林	9 840	8 036	9 102	10 146	14 853	14 853	8 036	6 817
14	黑龙江	11 849	11 029	11 521	12 799	15 405	15 405	11 029	4 376
15	安徽	15 170	18 450	16 482	10 876	18 755	18 880	10 876	8 004
16	江西	10 906	13 571	11 972	6 054	16 256	16 256	6 054	10 202
17	河南	19 475	27 798	22 796	17 793	24 587	27 798	17 793	10 005
18	湖北	17 466	17 384	17 425	12 088	21 869	21 869	12 088	9 781
19	湖南	11 275	20 377	14 924	9 473	21 617	21 617	9 473	12 144
20	内蒙古	19 270	21 771	24 354	35 633	17 975	35 633	17 975	17 658
21	广西	10 619	14 514	12 177	6 960	17 262	17 262	6 960	10 302
22	重庆	11 357	9 184	10 496	5 677	16 493	16 493	5 677	10 816
23	四川	19 352	12 013	16 400	9 226	25 662	25 662	9 226	16 436
24	贵州	8 610	10 414	9 348	11 067	12 528	12 528	8 610	3 918
25	云南	9 348	14 227	11 316	9 551	14 957	14 957	9 348	5 609
26	陕西	9 553	11 193	10 209	13 823	18 106	18 106	9 553	8 553
27	甘肃	7 011	7 667	7 257	6 269	9 305	9 305	6 269	3 036
28	青海	2 214	1 804	2 050	1 782	4 600	4 600	1 782	2 818
29	宁夏	3 649	2 050	2 993	7 732	5 223	7 732	2 050	5 682
30	新疆	10 127	7 421	9 061	11 378	11 552	11 552	7 421	4 131
31	西藏	1 681	1 025	1 435	1 453	2 565	2 565	1 025	1 540
I	东部地区	182 409	156 866	164 000	132 173	186 232	186 232	132 175	54 057
II	中部地区	114 800	139 851	128 904	108 106	147 476	147 476	108 106	39 370
III	西部地区	112 791	113 283	117 096	120 555	156 247	156 247	112 791	43 456
总计	全国	410 000	410 000	410 000	360 834	489 955	489 955	360 834	129 121

到2030年，在地均原则下、人均原则下、混合指标原则下（初次分配结果）、空气质量改善目标下（环境约束下）、经济增长目标下（经济约束下）的31个地区煤炭消费分配比例分别如P2、P4、P6、P8、P10所示（表6-27），对应地，煤炭消费量分别如Q2、Q4、Q6、Q8、Q10所示（表6-28）。表6-27中计算列出了各种分配方法下各省分配比例的最大值、最小值、极差（最大值与最小值之差），表6-28中计算列出了各种分配方法下各省分配量的最大值、最小值、极差（最大值与最小值之差）。此外，各表按东、中、西部地区（区域代码编号分别为1～11、12～19、20～31）进行分区汇总便于分析。

表6-27　2030年煤炭消费比例汇总分析　　单位：%

区域代码	地区	P2	P4	P6	P8	P10	最大比例	最小比例	比例极差
1	北京	2.12	1.97	0.02	0.04	2.97	2.97	0.02	2.95
2	天津	1.89	1.75	1.79	1.22	2.57	2.57	1.22	1.36
3	河北	4.1	5.47	5.06	6.72	3.25	6.72	3.25	3.46
4	辽宁	3.07	2.95	2.99	3.48	3.21	3.48	2.95	0.53
5	上海	1.17	1.87	1.66	1.13	3.07	3.07	1.13	1.94
6	江苏	7.71	5.56	6.21	4.75	3.88	7.71	3.88	3.83
7	浙江	4.3	3.9	4.02	2.7	3.59	4.3	2.7	1.6
8	福建	3.05	2.89	2.94	2.39	3.11	3.11	2.39	0.71
9	山东	9.3	7.14	7.79	7.65	3.83	9.3	3.83	5.47
10	广东	3.35	4.65	4.26	3.87	3.89	4.65	3.35	1.3
11	海南	1.19	0.7	0.85	0.29	0.94	1.19	0.29	0.9
12	山西	4.41	5.64	6.27	8.37	2.9	8.37	2.9	5.47
13	吉林	1.87	1.86	1.86	2.36	3.05	3.05	1.86	1.19
14	黑龙江	2.02	2.51	2.36	2.99	3.16	3.16	2.02	1.14
15	安徽	3.62	4.51	4.24	3.19	3.85	4.51	3.19	1.32
16	江西	2.97	3.28	3.19	1.84	3.33	3.33	1.84	1.5
17	河南	4.52	6.5	5.91	5.25	5.04	6.5	4.52	1.98
18	湖北	4.22	4.18	4.19	3.31	4.48	4.48	3.31	1.17
19	湖南	2.22	5	4.17	3.02	4.43	5	2.22	2.78
20	内蒙古	4.36	5.26	5.99	9.98	4.08	9.98	4.08	5.9
21	广西	2.81	3.62	3.38	2.2	3.92	3.92	2.2	1.72
22	重庆	3.18	2.31	2.57	1.59	3.74	3.74	1.59	2.16
23	四川	5.32	2.83	3.58	2.29	5.82	5.82	2.29	3.53
24	贵州	3.9	2.47	2.9	3.92	2.84	3.92	2.47	1.45
25	云南	2.79	3.47	3.27	3.15	3.39	3.47	2.79	0.68
26	陕西	2.89	2.66	2.73	4.21	4.11	4.21	2.66	1.55
27	甘肃	1.91	1.82	1.85	1.81	2.11	2.11	1.81	0.3
28	青海	1.1	0.45	0.65	0.64	1.04	1.1	0.45	0.65
29	宁夏	0.91	0.53	0.64	1.89	1.19	1.89	0.53	1.36
30	新疆	2.84	1.99	2.25	3.22	2.62	3.22	1.99	1.23
31	西藏	0.89	0.27	0.46	0.53	0.58	0.89	0.27	0.62
I	东部地区	41.25	38.85	37.57	34.24	34.31	41.25	34.24	7.01
II	中部地区	25.85	33.48	32.19	30.33	30.24	33.48	25.85	7.63
III	西部地区	32.9	27.68	30.25	35.43	35.45	35.45	27.68	7.77

表 6-28　2030 年煤炭消费量汇总分析　　单位：万 t

区域代码	地区	Q2	Q4	Q6	Q8	Q10	最大消费量	最小消费量	消费量极差
1	北京	10 600	9 850	100	53	20 102	20 102	53	20 049
2	天津	9 450	8 750	8 950	1 790	17 430	17 430	1 790	15 640
3	河北	20 500	27 350	25 300	9 873	22 024	27 350	9 873	17 477
4	辽宁	15 350	14 750	14 950	5 121	21 749	21 749	5 121	16 628
5	上海	5 850	9 350	8 300	1 656	20 775	20 775	1 656	19 119
6	江苏	38 550	27 800	31 050	6 975	26 248	38 550	6 975	31 575
7	浙江	21 500	19 500	20 100	3 973	24 302	24 302	3 973	20 329
8	福建	15 250	14 450	14 700	3 517	21 027	21 027	3 517	17 510
9	山东	46 500	35 700	38 950	11 248	25 953	46 500	11 248	35 252
10	广东	16 750	23 250	21 300	5 695	26 333	26 333	5 695	20 638
11	海南	5 950	3 500	4 250	428	6 351	6 351	428	5 923
12	山西	22 050	28 200	31 350	12 295	19 607	31 350	12 295	19 055
13	吉林	9 350	9 300	9 300	3 472	20 621	20 621	3 472	17 149
14	黑龙江	10 100	12 550	11 800	4 397	21 387	21 387	4 397	16 990
15	安徽	18 100	22 550	21 200	4 690	26 038	26 038	4 690	21 348
16	江西	14 850	16 400	15 950	2 700	22 569	22 569	2 700	19 869
17	河南	22 600	32 500	29 550	7 719	34 135	34 135	7 719	26 416
18	湖北	21 100	20 900	20 950	4 869	30 361	30 361	4 869	25 492
19	湖南	11 100	25 000	20 850	4 432	30 012	30 012	4 432	25 580
20	内蒙古	21 800	26 300	29 950	14 671	27 619	29 950	14 671	15 279
21	广西	14 050	18 100	16 900	3 233	26 522	26 522	3 233	23 289
22	重庆	15 900	11 550	12 850	2 331	25 341	25 341	2 331	23 010
23	四川	26 600	14 150	17 900	3 367	39 429	39 429	3 367	36 062
24	贵州	19 500	12 350	14 500	5 759	19 249	19 500	5 759	13 741
25	云南	13 950	17 350	16 350	4 624	22 982	22 982	4 624	18 358
26	陕西	14 450	13 300	13 650	6 190	27 819	27 819	6 190	21 629
27	甘肃	9 550	9 100	9 250	2 667	14 297	14 297	2 667	11 630
28	青海	5 500	2 250	3 250	939	7 068	7 068	939	6 129
29	宁夏	4 550	2 650	3 200	2 772	8 025	8 025	2 650	5 375
30	新疆	14 200	9 950	11 250	4 731	17 749	17 749	4 731	13 018
31	西藏	4 450	1 350	2 300	782	3 941	4 450	782	3 668
I	东部地区	206 250	194 200	187 750	50 322	232 301	232 301	50 322	181 979
II	中部地区	129 250	167 400	160 850	44 576	204 744	204 744	44 576	160 168
III	西部地区	164 500	138 400	151 400	52 071	240 020	240 020	52 071	187 949
总计	全国	500 000	500 000	500 000	146 969	677 065	677 065	146 969	530 096

由表 6-27 可知，到 2030 年，东、中、西 3 大地带在不同原则下分配比例有所不同。东部地区按建成区面积分到的比例较大，按空气质量改善目标分到的比例较小，这与 2020 年的状况类似。中部地区按人均面积分到的比例较大，按建成区面积分到的比例较小，仍然与 2020 年类似。西部地区按空气质量改善目标分到的比例较大，按人口原则分到的比例较小（不同于 2020 年），2020—2030 年西部地区建成区占比增长略高于人口占比增长。

由表 6-28 可见，到 2030 年，东、中、西三大地带在不同原则下分到的煤炭消费量差异明显扩大；全国范围内空气质量约束变为最严格的约束，东、中、西部地区均呈现在空气质量改善目标下分到的煤炭消费量均为最低，但是按照经济增长目标分到的煤炭消费量最多。到了 2030 年，经济增长目标和空气质量改善目标的矛盾更加明显，主要问题仍然集中在经济增长与环境改善两大目标的协调问题。

6.2.3.1 情景分析与目标协调

3 大情景下的总量目标

设定 A、B、C 3 种情景：情景 A 是基准情景，以混合指标原则为主；情景 B 是有煤控情景，以环境约束为主，主要以空气质量改善为目标；情景 C 是无煤控情景，以经济约束为主，主要以经济增长为目标。

综合前文分析，2020 年，情景 A、B、C 下的煤炭消费量可定为 41 亿 t、36 亿 t、47 亿 t；2030 年，情景 A 下的煤炭消费量可定为 50 亿 t，情景 B 下的煤炭消费量在 15 亿 t 基础上略有上浮定为 28 亿 t（考虑严格煤控的实现难度），情景 C 下的煤炭消费量在 67 亿 t 基础上略有下浮定为 58 亿 t（考虑经济结构调整因素）。3 种情景下的煤炭消费总量目标如表 6-29 所示。

表 6-29 基于情景分析的煤炭消费总量目标 单位：亿 t

情景	2020 年	2030 年
A	41	50
B	36	28
C	47	58

6.2.3.2 目标协调与分配比例

综合考虑目标协调与比例分配的合理性：混合指标原则体现了城市建设发展和人均趋同的公平性，分配占比较大；到了 2030 年，调高环境约束原则的占比，单纯经济总量增长目标的重要性下降，调低经济约束原则的占比。

整理专家访谈结果，参考专家打分法，得出相应的权重。2020 年，混合指标原则、环境约束原则、经济约束原则下的各省分配比例（P5、P7、P9）分别按 0.5、0.3、0.2 的权重加权平均得到 P11。2030 年，混合指标原则、环境约束原则、经济约束原则下的各地区分配比例（P6、P8、P10）分别按 0.4、0.5、0.1 的权重加权平均得到 P12。同时，按东、中、西部地区分类汇总，发现 2020—2030 年，就占比来看，东部地区的占比有所下降，而西部地区的占比有所上升，煤炭消费的比例分配从东部地区向西部地区倾斜。所得分配比例整理如表 6-30 所示。

表 6-30　煤炭消费比例目标协调　单位：%

区域代码	地区	分配比例 P11	分配比例 P12
1	北京	0.84	0.32
2	天津	1.62	1.58
3	河北	5.09	5.71
4	辽宁	3.84	3.26
5	上海	1.84	1.53
6	江苏	6.13	5.24
7	浙江	3.95	3.32
8	福建	2.76	2.68
9	山东	7.53	7.33
10	广东	4.39	4.03
11	海南	0.6	0.58
12	山西	5.99	6.98
13	吉林	2.56	2.23
14	黑龙江	3.1	2.76
15	安徽	3.68	3.68
16	江西	2.63	2.53
17	河南	5.26	5.49
18	湖北	4.02	3.78
19	湖南	3.49	3.62
20	内蒙古	6.67	7.8
21	广西	2.77	2.84
22	重庆	2.42	2.2
23	四川	3.82	3.16
24	贵州	2.57	3.4
25	云南	2.78	3.22
26	陕西	3.13	3.61
27	甘肃	1.79	1.86
28	青海	0.59	0.68
29	宁夏	1.22	1.32
30	新疆	2.52	2.77
31	西藏	0.4	0.51
I	东部地区	38.59	35.58
II	中部地区	30.73	31.06
III	西部地区	30.68	33.36

6.2.3.3 不同情景下的分配量

将最终确定的2020年的煤炭消费分配比例P11，代入2020年情景A、B、C下的总量目标中，可得到31个地区2020年在不同情景下的煤炭消费量；同理，结合2030年的煤炭消费分配比例P12和情景A、B、C下2030年的煤炭消费总量，可得到各个地区2030年在不同情景下的煤炭消费量。

计算结果整理如表6-31所示。

表6-31 基于情景分析的煤炭消费量预测

单位：万t

区域代码	地区	2020年			2030年		
		情景A	情景B	情景C	情景A	情景B	情景C
1	北京	3 444	3 024	3 948	1 600	896	1 856
2	天津	6 642	5 832	7 614	7 900	4 424	9 164
3	河北	20 869	18 324	23 923	28 550	15 988	33 118
4	辽宁	15 744	13 824	18 048	16 300	9 128	18 908
5	上海	7 544	6 624	8 648	7 650	4 284	8 874
6	江苏	25 133	22 068	28 811	26 200	14 672	30 392
7	浙江	16 195	14 220	18 565	16 600	9 296	19 256
8	福建	11 316	9 936	12 972	13 400	7 504	15 544
9	山东	30 873	27 108	35 391	36 650	20 524	42 514
10	广东	17 999	15 804	20 633	20 150	11 284	23 374
11	海南	2 460	2 160	2 820	2 900	1 624	3 364
12	山西	24 559	21 564	28 153	34 900	19 544	40 484
13	吉林	10 496	9 216	12 032	11 150	6 244	12 934
14	黑龙江	12 710	11 160	14 570	13 800	7 728	16 008
15	安徽	15 088	13 248	17 296	18 400	10 304	21 344
16	江西	10 783	9 468	12 361	12 650	7 084	14 674
17	河南	21 566	18 936	24 722	27 450	15 372	31 842
18	湖北	16 482	14 472	18 894	18 900	10 584	21 924
19	湖南	14 309	12 564	16 403	18 100	10 136	20 996
20	内蒙古	27 347	24 012	31 349	39 000	21 840	45 240
21	广西	11 357	9 972	13 019	14 200	7 952	16 472
22	重庆	9 922	8 712	11 374	11 000	6 160	12 760
23	四川	15 662	13 752	17 954	15 800	8 848	18 328
24	贵州	10 537	9 252	12 079	17 000	9 520	19 720
25	云南	11 398	10 008	13 066	16 100	9 016	18 676
26	陕西	12 833	11 268	14 711	18 050	10 108	20 938
27	甘肃	7 339	6 444	8 413	9 300	5 208	10 788
28	青海	2 419	2 124	2 773	3 400	1 904	3 944
29	宁夏	5 002	4 392	5 734	6 600	3 696	7 656
30	新疆	10 332	9 072	11 844	13 850	7 756	16 066
31	西藏	1 640	1 440	1 880	2 550	1 428	2 958
I	东部地区	158 219	138 924	181 373	177 900	99 624	206 364
II	中部地区	125 993	110 628	144 431	155 300	86 968	180 148
III	西部地区	125 788	110 448	144 196	166 800	93 408	193 488
总计	全国	410 000	360 000	470 000	500 000	280 000	580 000

6.3　煤炭消费分配方案

6.3.1　两种分配方式及结果的对比分析

综合两种方式下的煤炭消费总量分配方案，在约束条件上，大气污染约束考虑的是常规大气污染物排放量及煤炭消费强度，基于“3E”原则下的分配在经济约束上考虑了人口、地理面积，在大气环境方面考虑了碳排放及环境空气质量改善需求。在分配之前的关系建立上，前者采取的是直接对应关系，后者则是不同方法下独立分配，最终加权混合，重新优化调整。在分配思路上，前者是自下而上与自上而下相结合的思路，充分考虑了当前的煤炭政策趋势，但其中存在较大误差，因为没有剔除各区域之间的重复统计因素，后者为总量确定后的自上而下的分配，有一定的准确度，但又缺少一定的形势分析。分配方案中有部分结果与当前煤炭控制政策发展趋势不符。

6.3.2　煤炭消费优化分配方案

为了更好地结合两种方案，特对两种思路下的方案进行一定处理，比如针对大气污染约束下煤炭消费分配方案中具有强制控煤目标的地区，保留其分配结果。而其他地区则根据大气污染约束及碳排放约束下的均衡消费比例进行余量分配。分配方案如表 6-32 所示。

表 6-32　煤炭消费的优化分配方案　　单位：万 t

区域代码	地区	2020 年煤炭消费量	2030 年煤炭消费量
1	北 京	700	575
2	天 津	3 803	3 803
3	河 北	24 970	24 970
4	山 西	28 959	37 884
5	内蒙古	35 278	47 409
6	辽 宁	18 219	18 219
7	吉 林	14 856	21 925
8	黑龙江	17 518	25 670
9	上 海	3 151	3 151
10	江 苏	21 758	21 758
11	浙 江	11 528	11 528
12	安 徽	17 730	23 038
13	福 建	6 858	6 858

区域代码	地区	2020 年煤炭消费量	2030 年煤炭消费量
14	江 西	5 479	5 479
15	山 东	37 097	37 097
16	河 南	9 896	9 896
17	湖 北	15 749	15 749
18	湖 南	6 711	6 711
19	广 东	12 336	12 336
20	广 西	13 175	15 513
21	海 南	2 404	2 720
22	重 庆	4 076	4 076
23	四 川	17 387	23 839
24	贵 州	16 308	29 686
25	云 南	7 434	16 523
26	陕 西	18 664	25 022
27	甘 肃	9 907	16 554
28	青 海	3 281	3 811
29	宁 夏	7 250	9 062
30	新 疆	17 520	19 138
I	东部地区	34.84%	28.60%
II	中部地区	28.51%	29.27%
III	西部地区	36.65%	42.13%
总 计		410 000	500 000

结果表明，2020 年东、中、西部的煤炭消费比例分别为 34.84%、28.51%、36.65%，2030 年煤炭消费比例分别为 28.60%、29.27%和 42.13%。煤炭消费占比从东部渐渐转向西部，符合国家鼓励西部煤炭发展的政策趋势。

第 7 章　煤炭消费布局优化政策建议

由于煤炭消费伴随着大气污染、碳排放等负的外部性，需要政府发挥宏观调控的作用，因此，以煤炭消费总量控制为主线的能源发展政策及配套环境经济政策是必要的对策。煤炭消费的布局优化离不开能源管理政策的主导。一方面，依赖于降低煤炭消费总量，需要优化能源消费结构即降低煤炭消费占比，涉及能源消费清洁化和产业结构调整；另一方面，依赖于优化煤炭消费的区域布局，需要严格落实区域煤炭消费总量控制政策，这与环境、经济目标协调有关，涉及重点耗煤部门的行业管控和城市煤炭消费的精细化管理。此外，注重发挥“有形之手”政府调控与“无形之手”市场机制的结合，强化能源管控的同时，适时配套环境经济政策，比如强化财政支持政策、完善绿色金融政策等。

7.1　深入开展大气环境的约束性分析

7.1.1　加强大气污染的约束性分析

从本书的研究角度，要实现煤炭消费的布局优化，最根本的需要从作为主要前提约束条件的大气污染入手，当前大气污染的约束性分析不够全面，尤其对煤炭消费的约束性研究更为匮乏。因此，加强大气污染的约束性分析将会是重要的控煤手段。一方面，进一步明确各地区由于煤炭消费产生的大气污染物的差异性，比如，对重点区域的污染物约束性分析以及上文所给出的 SO_2 和烟粉尘、NO_x 的高排放量高排放强度地区，进行有侧重地关联，首要减轻重污染地区由于煤炭消费产生的大气环境影响；另外还需要把除了本书所提到的 SO_2 和烟粉尘之外的诸如 $PM_{2.5}$、NO_x、更多污染物纳入对煤炭消费的量化约束条件中，甚至也可以将大气环境综合质量作为对应煤炭消费量的约束因子，构建大气污染物、大气环境质量与煤炭消费的对应量化关系，尤其对各省（市、自治区）尺度下的大气污染物进行详细分析，从而加强从大气环境对各省（市、自治区）煤炭消费的约束，以各自对应的量化约束关系，确定各省（市、自治区）的煤炭消费量，实现大气污染约束下的煤炭消费布局优化。

7.1.2 深化碳排放的约束性分析

煤炭消费布局不但受大气污染的影响，CO_2排放限制也是其重要影响因子之一。短期内我国CO_2的排放主要由煤炭消费造成，二者之间存在一定的协整关系。降低碳排放强度是国家提倡的改善气候环境，发展绿色经济的目标之一，为了努力实现低碳环保，进行碳排放约束下的煤炭消费控制是必不可少的手段，现有的研究已经在一定程度上构建了碳排放与煤炭消费的约束关系，未来还需进一步构建并深化各地区CO_2与煤炭消费之间的量化关系，通过对各地区的碳排放需求预测，为各地区分配碳配额，由不同碳排放目标对煤炭消费产生的约束，促进形成不同的煤炭消费格局，从而也有利于未来在达成碳排放峰值的同时达到各地区煤炭消费布局的优化目标。

7.2 健全煤炭消费总量控制制度

7.2.1 重视区域煤炭消费的协同控制

我国当前的大气污染防治及煤炭减量相关政策中提到了对重点区域的煤炭消费控制，对此，国家可以延续重点区域的控煤措施，一方面继续加强重点控煤区的煤炭总量控制；另一方面，对其他区域煤炭消费的协同控制同样不能放松管理力度。要明确重点控煤地区不是一成不变的，随着经济状况、能源消费需求及环境承载能力的变化，区域的煤炭消费需求也会发生不同变化，对应的衡量指标也会发生变化，因此对其他区域也应采取较为明确严格的煤炭消费控制措施，比如，对大气污染形势逐渐严峻的成渝地区、陕甘宁地区等可采取一定的控煤措施，对于前文所提出的山东、山西、内蒙古、河南、河北等污染物排放量及强度较高且与煤炭消费之间关系较为紧密的地区，应加强对煤炭消费总量的控制，也可从减缓煤炭消费增速，降低煤炭消费强度上入手，从而推动全国煤炭削减总目标的达成。

此外，还应采取措施激发区域节煤的积极性，除了加强区域管理者自身对煤炭资源开发利用的约束，还可开拓一种管理外包的形式，通过联合节能服务公司等专业机构，加大财政资金申报的筹码，以争取更多的节能成本；也可实行奖惩制度，对不同程度实现煤炭节约目标的区域进行等级性资金奖励或设备支持，建立区域之间的节煤沟通机制，提高区域节煤的积极性。

7.2.2 建立统一的煤炭地区分解机制

各地区的大气污染物与煤炭消费之间存在着紧密的关系，要改善大气环境就必须从煤炭消费量的控制上出发。而目前我国煤炭消费的地区分解机制尚未形成，不利于国家对区域的煤炭消费控制管理。水利部已将全国用水总量分解到各省（市），相关部门也应该将空气质量目标和碳排放约束目标分解到省（市、自治区）；结合13类城市和四级空气污染制约，因地制宜将省煤控总量分解到市。严守生态红线，将其纳入地方发展规划；建立区域和省（市、自治区）的联防联控，区域形成合力，互相监督、互相配合，完成相关目标。对此，国家可尝试建立一套统一的煤炭消费地区分解体系，在秉承“三公”原则的基础上，通过立法赋权，对煤炭消费实行强制性管理。落实到具体的措施上，可通过在研究领域内成立权威的指标研究专家小组，共同做好指标的构建、筛选与赋权等工作，可参考发达国家的相关做法，结合我国国情，尽可能纳入广泛的指标，如经济产值占比、污染物负荷比、煤炭消费占比等因子，经测评最终选取具有代表性的指标，并赋予各指标科学的权重，形成综合权衡体系。在结合区域经济发展现状、产业结构、煤炭需求及生态环境容量等实际情况进行综合考量的基础上，建立强制性的用煤标准，使分区的煤炭消费控制在下达目标范围内，以实现科学合理的煤炭消费分配管理。

在控制区域煤炭消费总量的同时，应将煤炭消费总量控制的相关生态红线目标分解到省（市、自治区）。在各省（市、自治区）的政绩考核中，加入煤炭消费总量控制、空气质量改善评比等因素。抓好重点城市的空气治理，精细化管理并降低京津冀、长三角等重点城市群的煤炭消费；做好城市空气质量排名公布和煤控工作进展报告，开展生态智慧城市、低碳城市等相关评比；完善并落实城市规划，建设禁燃区，发展绿色低碳产业园区，提升城市整体竞争力。

7.2.3 适当加速煤炭消费向西部地区转移

经济发展需求使得煤炭消费总量控制很难快速实现，优化产业结构可能是一个有效途径，而促进煤炭消费向西转移，则是优化煤炭产业布局的重要措施之一，“控制东部、稳定中部、发展西部”也是其布局趋势所向。区域资源条件、生态环境容量和市场需求变化是决定煤炭基地建设选址和煤炭矿区开发规模的考量因子，而西部本就是煤炭资源富集区，生态环境容量相对中东部有一定空间，对于建设大型煤电基地具有很好的先天资源条件，有利于形成煤炭生产及煤电一体化基地，国家对中东部的煤炭项目建设也施行了“退一建一”模式和“不上新项目”的适度发展原则，以此稀释中东部因煤炭消费对环境产生的压力。但同时也应考虑到西部水资源欠缺问题，尤其是煤炭基地的缺水状况，是建设煤电基地的一大阻碍因素。煤电基地的建设及运营，在挤占生态环境用水的同时对水资源造成了破坏。对此，国家应进一步加强对西部建设煤炭基地的勘察力度，尽快分析建立煤炭基地的可行性，以排除不利因子，针对水资源问题，需要实施煤炭消费各部门用水总量控制红线的相关政策，一方面增强找水能力，另一方面提高节水技术，必要时进行水权交易，为煤炭赋存地争取更多的水资源，从而加快西部地区煤炭基地和现代煤炭化工的建设进程，促进煤炭的转化利用。同时也加强西部地区的输电能力建设，将已节约的运煤成本，适当转移到输电方面，也间接减少因运煤而产生的不必要的污染治理成本，在保障能源安全的同时实现合理布局。

7.2.4 控制重点行业煤炭消费量

针对电力、制造业、建筑 3 大重点煤炭消费部门，进行分类指导、淘汰落后。对于煤炭消费较大且能效较低的现有企业，分类指导升级改造或有序淘汰。鼓励兼并重组、降低退出成本，提升行业集中度和竞争力；强化环境约束，特别是煤炭利用方式及排放限值等约束，分地区分批逐步淘汰落后企业；支持企业节能升级改造，深化企业改革，促进创新和可持续发展。对于新增的耗能项目和企业，严格实施煤炭消费的增量和存量双控。抑制现代煤化工、电力和建筑的煤耗增量；逐步削减钢铁、水泥、建材的存量；对煤炭行业实行严格总量控制，强化终端消费量的记录管理，增加源头煤炭生产的产量和价格指导管控。

针对重点行业，细化实施煤控的关键政策要求。电力行业：煤电由主角地位需要慢慢下降，严格控制新增煤电，对审批新煤电要慎之又慎，大力发展清洁能源发电，支持风电、水电、太阳能发电等。钢铁行业：建立和完善废钢资源综合利用政策，削减高能耗钢铁出口，减少因粗钢出口而导致的国内大量煤炭消费。建筑行业：适当控制建筑总量，避免三四线城市房地产粗放型发展和过度开发建设，提升新建能效水平（达到国际先进水平 85%），提升绿色建筑比例（达到 50%以上），提升可再生能源在建筑采暖能耗的占比（力争 2020 年达到 15%）。现代煤化工行业：作为战略技术储备，搞好示范试点；对煤制烯烃和乙二醇项目要慎重，可采取缓批；对一般的煤制油、煤制气项目（能源转化效率一般），可以暂停批。水泥行业：提升能效降低排放，利用水泥窑协同处置技术承担生活、污泥和工业废料。

7.3 推动煤炭清洁高效利用

7.3.1 提升煤炭清洁利用技术

借鉴美、日两国煤炭发展历程，我国需注重洁净煤技术研发，促进煤炭资源的清洁利用。立足于我国基本国情，统筹发展我国经济社会环境，需绿色开发煤炭，建设清洁煤电，开发煤炭清洁转化技术。煤炭减量化难以满足环境质量改善目标需要时，煤炭的清洁化利用是重要补充。一方面应通过提升煤炭利用技术提高煤炭利用效率，降低污染排放；另一方面应结合当前煤电技术的清洁化发展，努力推动煤炭消费向电力行业布局。

我国及各地区的煤炭消费结构均存在非电力耗煤比例过高的不合理现象，在煤炭消费结构的调整上，降低非电力耗煤占比是解决环境问题的突破口，燃煤发电“近零排放”的严格标准使得电力耗煤被视为最清洁的煤炭消费形式，因此，通过对散煤用户的管理，尤其是对一些直燃型的小型用煤场所采取关停或取缔措施，将煤炭消费向电力行业进行转移集中，对于促进地区的大气污染物控制及环境空气质量的改善会是很好的途径。建议各地区实行分档调整煤炭消费结构，根据煤炭消费结构调整的需求形势不同，假设以 50%和 70%为界限，将非电力耗煤占比大于 70%的地区划为优先调整地区，50%～70%的地区为重点调整地区，小于 50%的地区为稳速调整地区。那么，对于湖北、湖南、重庆、四川等地区需要做优先快速的煤炭消费结构调整，对广东、海南、天津、内蒙古、上海、江苏、浙江、安徽、福建、甘肃、宁夏等地则进行重点适度的调整，其他地区可同步轻微调整，即实施“同步不同力度”的煤炭消费结构优化调整策略。

7.3.2 强化散煤管控

我国在非电力行业上的大量煤炭消费造成了煤炭资源浪费及环境污染等不良后果，成为提高煤炭利用效率的极大阻碍因素，从而不利于达成节约煤炭的目标，对区域的煤炭消费控制也产生了潜在的阻力。目前，我国的优质煤总量和品种都还处于稀缺的状态，有相当一部分地区使用的煤炭为劣质煤，尤其在非电力行业上的用煤，如锅炉用煤的煤种多为劣质煤。散煤用户考虑到用煤成本和技术限制，对劣质煤炭的使用较为普遍，加上目前对散煤用户的管理还较为松散，导致煤炭洗选率很低且资源浪费现象严重，给大气环境带来了不良影响。从保障国家能源安全的角度来说，短期内国家发展离不开煤炭，要实现煤炭与大气的协调，唯有提高煤炭的利用效率。而鉴于我国当前煤炭利用效率较高的部门集中在电力行业，非电力行业的煤炭消费缺乏管理，技术水平较低，因此，在提高非电力行业的煤炭利用率的同时，更多地应该加强非电力行业的煤炭消费管理，推动部分依赖劣质煤的地区转换煤炭消费方式，从而促进煤炭的高效利用。

散煤管控是当前大气污染防治的重要措施之一，应对散烧煤的生产和消费严格实施全过程管控。在标准制定方面，以环保指标为主要内容，对硫分等煤品指标严格规定，提高煤炭产品质量地方标准。在流通阶段，合理规划和建设分区域的优质清洁化煤炭产品供销网络，集中清理取缔不达标散煤供应渠道。在执法方面，对不符合标准的煤炭禁止流通，严厉打击劣质煤的生产销售行为。在综合管理方面，鼓励建立煤炭管理信息系统，对煤炭供应、配送、消费等环节实施动态监管和记录。另外，加强散煤替代措施的推行，借鉴欧美国家经验，合理开发新能源及可再生资源，逐步替代高污染的化石能源，使能源消费结构逐步优化，才能保证煤炭消费总量控制的可行性。

7.4 强化财政支持政策

针对煤炭消费的总量控制，财税政策方面，主要讨论煤炭资源税费改革及财政支出转移支付。

7.4.1 推动煤炭资源税费改革

优化煤炭消费布局，需要政策支持和资金支持，为了促进区域的煤炭消费控制，应在财税制度上给予一定扶持。我国现有的资源环境税较少，能源税更是处于不成熟发展阶段，不能很好地弥补资源利用下的环境污染成本，国家对于节能建设缺乏相关的财政补贴，更无法激励节能管理及节能产业发展。据相关研究，煤炭的环境生态和公众健康的外部成本约300 元/t，气候变化影响所造成的损失成本 160 元/t，而目前环境收费和资源税约为 45 元/t。因此，有必要完善相关财税政策，逐步实施税收的绿色化改革，以便提高煤炭使用成本，降低煤炭造成的污染和负外部性。对此，我国可以取消煤炭补贴，将煤炭完全纳入市场，促进煤炭与其他资源的公平竞争，建立环境税、碳税、污染费等财政税收种类，提高排污收费标准及排污费的征收范围；选择重点区域开展煤炭消费税试点，尝试通过税收调控区域煤炭消费总量，进一步利用所征税费为提高煤炭的科学生产与合理消费及环境治理等方面提供经费。主要做法可包括以下几方面。

①完善煤炭资源税费改革。适时提高煤炭资源税的税率水平，结合能源价格机制改革，适时改革对煤炭生产和消费的补贴，提高煤炭等化石燃料的使用成本。

②完善煤炭进出口税收政策。根据国内煤炭供需情况变化，适时调整煤炭产品进出口关税税率。从长远来看，煤炭进口关税割裂了国内煤炭市场与国际市场的衔接，不利于有序竞争。建议对进口煤炭逐步取消进口关税，并加强环保指标的强制性要求，以促进能源市场的发展。

③考虑开征环境保护税和碳税。构建环境保护税制度，加强对企业污染物排放监测，加强相关税收征管，保障环境保护税收入大部分用于环境治理和保护。碳税有多种实现方式，如作为独立税种、环境保护税的税目或改造现行能源税种，可酌情选择开征。碳税可定位于调节中小企业的二氧化碳排放，采取低税率水平尝试开征，其后再逐步探索提高。

④配套促进清洁替代能源和节能发展的财税政策。完善可再生能源等替代能源的税收优惠政策，支持天然气等清洁能源对煤炭的替代，运用 PPP 政策促进节能投资，完善洁净煤高新技术试验推广的财税政策。完善煤炭企业职工再就业保障的财税政策，在社会保险、煤炭退出和转型资金、再就业财政支持资金中，加大对煤炭企业失业人员的社保补贴、职

业培训和创业就业等方面的支持。

7.4.2 财政支出与转移支付

我国煤炭消费总量控制和优化布局，从全局经济发展和区域空气质量改善的角度出发，在煤炭利用方式中会提高电煤比例，在区域调配中会加大京津冀等大气污染城市群的电力外调力度。我国煤炭消费主要集中在西部煤炭基地，西部地区经济欠发达且当地财政收入不多，但清洁的煤电将远距离高压输电供应到其他城市群，助力东部发达地区的经济增长。因此，考虑煤炭消费区域优化分配的政策保障，从国家层面统筹财政支出和转移支付非常有必要。

完善煤炭基地生态补偿的财政支出政策。完善现行矿山环境恢复治理保证金政策，建议优化矿山地质环境治理恢复保证金的缴纳和返还方式。按照矿业绿色发展并通过绿色矿山建设标准的企业，允许企业根据矿山生态环境治理进度，对已闭坑矿区提出竣工验收申请，经有关部门验收合格后，按规定冲抵或返还矿山环境治理恢复保证金。

完善煤炭资源型地区的转移支付政策。地方财政在煤炭资源税费改革后，需要从公共财政预算中安排有关煤控和生态恢复方面的支出。结合资源枯竭型城市的转移支付政策，加大对煤炭生产基地的转移支付。利用矿山地质环境恢复治理专项资金，加大对老煤炭生产基地的倾斜，解决煤矿生态治理和恢复的问题。

7.5 完善绿色金融政策

绿色金融政策方面，结合我国于2016年8月31日发布的《关于构建绿色金融体系的指导意见》与煤炭消费现状，主要从绿色信贷、绿色证券、绿色保险等绿色金融产品及碳交易展开讨论。

7.5.1 促进绿色金融全面发展

从金融“三驾马车”（证券、银行、保险）角度促进绿色金融的全面发展，助力煤炭行业的绿色可持续发展，具体措施如下。

①对煤炭行业相关企业加强绿色信贷管理。企业方面，应加强企业煤炭消费、能源使用、能效管理方面的信息监测，完善相关数据统计和管理；银行方面，针对各大企业相关项目，应加强煤炭消费全产业链的相关信贷管控，完善绿色信贷统计制度并加强监测评价。对于绿色信贷支持的节能改造项目，可按绿色信贷优惠贷款利率执行，银行可按规定申请财政贴息支持。银行监管机构和行业协会，应加强煤炭消费相关的绿色信贷方面的监管和行业自律。建议探索将绿色信贷实施情况关键指标评价纳入相关评价体系，

针对煤炭消费量较大的企业，形成激励机制支持绿色业务，同时形成约束机制抑制高耗能行业贷款。

②鼓励推广绿色证券支持煤炭企业的转型发展。大型煤炭企业或节能省级改造或转型或退出，都面临大量资金需求，而政府的财政支持和银行的信贷支持是有限的，还需要通过直接融资市场获取转型发展资金，绿色债券和绿色股票提供了直接融资渠道。完善绿色债券相关制度，完善绿色债券第三方评估机制，尽力降低绿色债券融资成本；支持符合条件的优质大型煤企上市融资；支持绿色债券指数、绿色股票指数及相关产品，活跃绿色证券市场。

③在煤炭企业的煤电基地建设和矿山生态恢复工程方面。鼓励推行绿色保险，如环境污染责任保险、节能减排保证保险等。由原环境保护部门会同保险监管机构，探索建立环境污染强制责任保险制度。环境保护相关部门，应筛选界定出环境风险较高的煤炭消费环节，将相关企业纳入环境保险范围，对企业开展相关环保体检并记录相关数据，同时配合保险部门完善环境损害鉴定评估技术规范。保险监管相关机构，应建立完善和发布环境保险实施规章，鼓励保险机构努力完善环境损害鉴定评估程序和技术规范，指导保险公司加强环境损害鉴定评估能力，加快定损和理赔进度，合理快速处理环境污染理赔。

7.5.2 完善碳交易市场

借鉴国际经验，针对我国目前的煤炭消费总量控制，建议加快建设碳排放权交易市场。推动建立碳排放权、节能量（用能权）等相关交易市场，在重点大气污染联防联控区域，推进跨行政区碳排放权交易试点；完善相关定价机制和节能认证管理，加强制度保障；建立高效的登记和公示系统，鼓励各大煤炭企业和用能单位参与到交易体系。

完善碳交易市场，在促进企业高效率减排的同时，可倒逼能源价格改革和能源结构调整，促进低碳发展的同步效应在于大大降低能源消费端的煤炭消费量或消费比例。尤其从电力行业碳市场的角度，碳交易的普及可促进煤电企业转型，促进发展清洁能源替代煤炭发电，从而降低煤炭消费所带来的环境污染。因此，碳交易对于推动能源转型，推进能源供给侧结构性改革大有裨益，对实现区域煤炭消费控制及煤炭清洁利用更是一大助推力。

第 8 章　结论与展望

8.1　结论总结

本书从能源-经济-环境三维体系（3E）的视角考察煤炭消费的总量分配优化问题，基于大气污染约束、碳排放约束、空气质量改善约束、经济增长约束等层面研究煤炭消费总量的优化分配问题，得出煤炭消费总量控制及省域优化分配的相关结论，并提出相关政策建议。

8.1.1　关于煤炭消费总量目标

从大气污染约束的角度，根据国家煤炭消费总量统计数据，利用 SO_2 和烟粉尘的污染物排放所做的预测有差距，且与根据各省煤炭消费量预测的汇总结果相差也较大。当然，前后两者的预测方法不同，前者未考虑经济因素，所得到 2020 年的煤炭消费结果（37 亿～40 亿 t）和国家规划 2020 年煤炭消耗 42 亿 t 目标相比较为严格；考虑到 2030 年我国碳排放达到峰值，若能源消费如期控制在 60 亿 t 标准煤，而煤炭消费控制在 45%内，则煤炭消费的消费大约在 40 亿 t；而也有相关研究指出，如果按照要达到碳排放峰值所需实现的工业化和城镇化程度，我国能源消费总量还需增加约 30 亿 t 标准煤，根据“十二五”规划中 39 亿 t 的煤炭消费目标，即使 2030 年煤炭消费占比下降至 45%以下，预期的煤耗仍会大大突破 40 亿 t，增长至 45 亿～50 亿 t，并将长期处于该高位平台区间。因此，2030 年的煤炭消费预测结果（41 亿～45 亿 t）也处在实际发展中煤炭消费量的合理范围之内且可能严于实际煤炭消费需求。因此，从国家煤炭消费总量预测层面出发，考虑到未来社会实际发展需求，2020 年、2030 年我国煤炭消费总量的范围控制分别控制在约 40 亿 t 和约 45 亿 t 会更接近国家发展需求的目标值，有一定的可达性。

从碳减排约束的角度，即我国承诺的碳排放强度目标下，我国 2020 年、2030 年的煤炭消费总量分别为 44.7 亿～48.7 亿 t、53.2 亿～60.6 亿 t，调整为 44 亿 t、53 亿 t。结合我国能源发展规划并参考权威研究报告，我国 2020 年、2030 年的煤炭消费总量初步确定为 42 亿 t、52 亿 t。从环境空气质量约束角度，即各省（市、自治区）空气质量改善目标下，估计我国 2020 年、2030 年的煤炭消费总量分别约为 36 亿 t、15 亿 t，调整为 36 亿 t、28 亿 t。从经济约束角度，即各省（市、自治区）经济增长目标下，估计我国 2020 年、2030 年的煤炭消费总量分别约为 49 亿 t、68 亿 t，调整为 47 亿 t、58 亿 t。

综合大气污染、环境空气质量、碳排放及经济发展等多目标约束条件下，全国煤炭消费总量控制目标分别为 2020 年、2030 年的 41 亿 t、50 亿 t。

8.1.2 关于煤炭消费省域分配

基于大气污染约束下的自下而上的分配结果表明，2020 年、2030 年东部、中部、西部的煤炭消费占比分别为 32%、29%、39%和 28%、30%、42%。

基于“3E”原则的自上而下的分配分为两阶段，初次分配基于地均原则、人均原则和混合指标原则，自上而下分配各省（市、自治区）煤炭消费占比。

首先是从地均原则看，主要按建成区面积占比分配，东、中、西部地区在 2020 年分到的煤炭消费比例分别为 44.49%、28%、27.51%，到 2030 年，该比例变为 41.25%、25.85%、32.9%。从人均原则看，主要按地区常住人口占比分配，东、中、西部在 2020 年分到的煤炭消费比例分别为 38.27%、34.1%、27.63%，到 2030 年，该比例变为 38.84%、33.48%、27.68%。从混合指标原则看，主要按地均原则与人均原则的加权平均得到分配比例，东、中、西部在 2020 年分到的煤炭消费比例分别为 40.01%、31.44%、28.55%，到 2030 年，该比例变为 37.57%、32.19%、30.24%。

其次是基于环境与经济约束的二次优化调整，分别基于环境空气质量改善目标和地区经济增长目标，确定煤炭消费量及其占比。从环境改善角度，基于空气质量改善目标约束，东、中、西部地区在 2020 年分到的煤炭消费比例分别为 36.63%、29.96%、33.41%，到 2030 年，该比例变为 34.24%、30.33%、35.43%。从经济增长角度，基于经济增长目标，东、中、西部在 2020 年分到的煤炭消费比例分别为 38.02%、30.1%、31.88%，到 2030 年，该比例变为 34.31%、30.24%、35.45%。

综合自下而上与自上而下的两种分配思路，最终省域煤炭消费分配结果为：2020 年、2030 年东部、中部、西部的煤炭消费占比分别为 34.84%、28.51%、36.65%和 28.6%、29.27%、42.13%。

8.1.3 关于情景分析与优化分配

第 5 章全国煤炭消费控制目标分析中，基于大气污染约束条件，分别设定了低、中、高 3 种情景；而在第 6 章具体分配时，又设定了基准情景、环境约束情景、经济约束情景 3 大情景，环境约束下的煤炭消费量最小，而经济约束下的煤炭消费量最大，说明大气环境改善目标与经济增长目标之间的短期协调问题仍需要谨慎处理，因其直接影响总量控制目标，关系到能源、环境与经济是否能协调发展。

在第 6 章中，基于大气污染约束下的自下而上的分配结果表明，2020 年、2030 年东部、中部、西部的煤炭消费占比分别为 32%、29%、39%和 28%、30%、42%。而基于碳排放约束下的东、中、西部地区在 2020 年分到的煤炭消费比例分别为 38.59%、30.73%、30.68%，到 2030 年，该比例变为 35.58%、31.06%、33.36%。这反映了煤炭消费向西部地区的集中和转移趋势。在比例优化和优化决策方法选择方面，由于煤炭消费的优化问题不同于一般的经济学优化问题，它的可行域和最优目标函数具有不唯一性，因此简单参考多目标规划的加权法和层次分析法，将不同约束原则和目标下所得的比例最终按加权平均的方式处理，通过权重的赋值来反映不同发展时期对不同目标的侧重程度，从而体现出优化的思想。

按不同分配原则，各个省域和东、中、西 3 大地带分到的煤炭消费占比略有差异，但从 2020—2030 年的占比变化趋势来看具有一致性，东部地区的占比有所下降，而西部地区的占比有所上升，说明煤炭消费的区域分配比例在向西部地区倾斜，煤炭消费的全国布局在向西部地区（特别是西部能源大省和煤炭基地）转移。

8.1.4　关于煤炭消费相关政策

由于煤炭消费具有负的外部性，且煤炭消费的全国布局优化趋势将呈现出煤炭消费向西部地区煤炭基地集中和转移，因此，必须对应出台相关政策并配合市场机制，保证财政资金从东部发达地区向西部地区转移支付，统筹西部地区的经济发展以及生态保护。

在能源管理方面，统筹全国能源发展。国家层面着力于优化能源消费结构促进能源消费清洁化，支持新能源和清洁能源替代，重点关注西部地区的清洁煤电，注重功能区分区规划并对煤炭消费实行分区管控。区域层面应重点落实煤控政策，兼顾绿色发展和空气质量改善，加强对重点煤耗部门和行业的分类指导，注重总量目标的分解和考核，完善节能统计和煤炭消费管理，强化各级政府的煤控绩效考核。此外，在煤炭减量的同时，还应注重提高煤炭的清洁高效利用，最大化清洁利用主体能源。

在财税政策方面，完善煤炭资源税费改革，调整煤炭进出口关税，考虑环境保护税和碳税，配套出台促进清洁替代能源和节能发展的财税政策，从而提高非清洁煤炭的使用成本，降低清洁能源的使用成本。在区域财政转移支付方面，财政支持向西部地区予以倾斜，完善煤炭基地生态补偿的财政支出政策，完善煤炭资源型地区的转移支付政策。

在金融政策方面，借力绿色金融，对煤炭行业相关企业加强绿色信贷管理，鼓励推广绿色证券支持煤炭企业的转型发展，对煤炭企业推行环境污染责任保险、节能减排保证保险等绿色保险等，同时加快建设碳排放权交易市场。

8.2 研究展望

本书基于煤炭消费总量控制，结合环境约束和经济约束，完成优化分配各省（市、自治区）的煤炭消费量。总体上，得出了较为可信的省域煤炭消费优化分配结果，并提出了相关参考性政策建议。但本书还存在几点研究未尽事宜，限于数据资料有限和时间紧急，暂未做深入研究。如书中主要建立了我国当前主要大气污染物 SO_2、烟粉尘与煤炭消费之间的关系，由于国家对 NO_x 和 $PM_{2.5}$ 的数据统计量有限，因而在对污染物约束下的煤炭消费预测上，只选取了 SO_2 和烟粉尘作为最终的约束条件，未来希望能够得到更多的污染物排放统计数据，对研究进行拓展和延伸。综合考量，未来研究可从以下几个方向继续完善和深入。

①基于统计方法的预测和模拟方面，可细化地理区域因素，进一步完善相关计量模型和回归方法。煤炭消费和区域经济发展及区域空气质量之间的关系与地理因素有关，既有研究成果已发现区域煤炭消费具有地理自相关性。本书限于数据收集困难和时间有限，仅做了普通多元线性回归，对于地理因素和区域分区因素的处理比较简单，只简单做了东、中、西部 3 大地带分区。未来研究可从地理加权回归、空间计量等方面进行完善和改进。

②在构建大气污染物和煤炭消费之间的关系之前，先进行指标筛选，再进行指标赋权，从而加强所建立量化关系的可靠性和解释能力。

③补充及处理长序列数据，利用大量的统计数据，构建 NO_x 排放与煤炭消费之间更为准确的关系式，对 NO_x 约束下的煤炭消费控制进行预测。

④建立 $PM_{2.5}$ 和煤炭消费之间的对应关系，从而对 $PM_{2.5}$ 约束下的煤炭消费进行预测，促进解决煤炭消费所造成的 $PM_{2.5}$ 污染问题。借鉴已有大气污染模拟相关研究方法，从污染物减排量对应到煤炭消费量，间接得出空气质量改善目标约束下的煤炭消费量。

参考文献

[1] 张彦英，樊笑英. 论生态文明时代的资源环境价值[J]. 自然辩证法研究，2011，8：61-64.

[2] 方传棣，刘江宜. 资源环境价值问题评析[J]. 绿色科技，2012，2：166-168.

[3] 刘继青，王洪飞. 自然资源及环境的价值与价格研究[J]. 商业经济，2010，11：43-44.

[4] 邹晓涓. 自然资源的环境价值评估研究综述[J]. 湖北经济学院学报，2014，2：72-76.

[5] 安歌军. 煤炭资源价值及其延伸研究[D]. 西安：西北大学，2012.

[6] 许进杰. 消费的环境外部性及其对经济福利的影响[J]. 消费经济，2008，3：89-91，95.

[7] 马克思，恩格斯. 马克思恩格斯全集[M]. 第 2 卷. 北京：人民出版社，1972：94.

[8] 陈玉玲. 生态环境的外部性与环境经济政策[J]. 经济研究导刊，2014，16：291-292，300.

[9] 腾涛. 2012 煤炭真实成本[R]. 自然资源保护协会（NRDC），2014-11-04.

[10] 彭斯震，孙新章. 全球可持续发展报告：背景、进展与有关建议[J]. 中国人口·资源与环境，2014，12：1-5.

[11] 钟茂初. 可持续发展经济学[M]. 北京：经济科学出版社，2006.

[12] 王革华，等. 能源与可持续发展[M]. 北京：化学工业出版社，2005：48.

[13] Kuznets S. Economic growth and income inequality [J].American Economic Review，1955（45）：1-28.

[14] Grossman G，Krueger A.Environmental impacts of a North American free trade agreement[C]// National Bureau Economic Research Working Paper 3914，CEPR Discussion Paper，No 644.Cambridge MA：NBER，1991.

[15] 郝宇，廖华，魏一鸣. 中国能源消费和电力消费的环境库兹涅茨曲线：基于面板数据空间计量模型的分析[J]. 中国软科学，2014（1）：134-147.

[16] 赵晓罡，薛继亮. 基于库兹涅茨曲线模型的能源消费与经济增长动态关系研究[J]. 统计与决策，2011（11）：130-131.

[17] 王永冲，高广阔，李濛. 中美能源库兹涅茨曲线研究——基于正交偏最小二乘法[J]. 经济与管理，2013，27（3）：69-74.

[18] 张旭，孙根年. 中国电力工业环境学习曲线与节能减排潜力分析[J]. 哈尔滨工业大学学报（社会科学版），2008，4：89-95.

[19] 孙根年，李静，魏艳旭. 环境学习曲线与我国碳减排目标的地区分解[J]. 环境科学研究，2011，10：

1194-1202.

[20] 韩亚芬. 环境学习曲线与中国省际节能减排潜力分析[D]. 西安：陕西师范大学，2008.

[21] Grossman G M，Krueger A B. Economic Growth and the Environment[J]. Alan Krueger，1994，20（3）：609-623.

[22] Panayotou T. Empirical tests and policy analysis of environmental degradation at different stages of economic development[R]. Working Paper， WP238.

[23] 李波，张俊飚，李海鹏. 中国农业碳排放与经济发展的实证研究[J]. 干旱区资源与环境，2011，25（12）：8-13.

[24] Sinha A，Bhattacharya J. Is energy-led economic growth causing climatic shift？ A causal analysis for India[J]. International Journal of Green Economics，2014，8（2）：120-133.

[25] 何为，刘昌义，刘杰，等. 环境规制、技术进步与大气环境质量——基于天津市面板数据实证分析[J]. 科学学与科学技术管理，2015（5）：51-61.

[26] 桂小丹，李慧明. 环境库兹涅茨曲线实证研究进展[J]. 中国人口·资源与环境，2010（增刊 1）：5-8.

[27] Arrow K，Bolin B，Costanza R，et al.Economic growth，carrying capacity，and the environment[J]. Science，1995，（268）：520-521.

[28] 佘群芝. 环境库兹涅茨曲线的理论批评综论[J]. 中南财经政法大学学报，2008，1：20-26.

[29] Oliveira C，Antunes C H. A multiple objective model to deal with economy-energy-environment interactions[J]. European Journal of Operational Research，2004，153（2）：370-385.

[30] Hamit-Haggar M. Greenhouse gas emissions，energy consumption and economic growth：A panel cointegration analysis from Canadian industrial sector perspective[J]. Energy Economics，2012，34（1）：358-364.

[31] Allan G，Hanley N，Mcgregor P，et al. The impact of increased efficiency in the industrial use of energy：A computable general equilibrium analysis for the United Kingdom[J]. Energy Economics，2007，29（4）：779-798.

[32] 续竞秦，吕永成. 广西“经济-能源-环境”复合系统协调度实证分析[J]. 广西社会科学，2005（4）：127-129.

[33] 杜慧滨，顾培亮. 区域发展中的能源-经济-环境复杂系统[J]. 天津大学学报（社会科学版），2005，7（5）：362-365.

[34] 赵媛，梁中，袁林旺，等. 能源与社会经济环境协调发展的多目标决策——以江苏省为例[J]. 地理科学，2001，21（2）：164-169.

[35] Bruno L. Long term perspectives of the U. S. energy demand：Application of the MEDEE 2 Model to the U.S. [J]. Energy，1980，5（3）：231-257.

[36] Ranjan K B. Energy demand and environmental implications in urban transport — Case of Delhi.

Atmospheric Environment，1996，30（3）：403-412.

[37] Alfonso A，Germán F，Mainar-Toledo M D，et al. Multiple regression models to predict the annual energy consumption in the Spanish banking sector [J]. Energy and Buildings，2012，49：380-387.

[38] Braun M R，Altan H，Beck S B M. Using regression analysis to predict the future energy consumption of a supermarket in the UK [J]. Applied Energy，2014（130）：305-313.

[39] 郭晓娜. 基于组合模型的辽宁能源需求预测及政策研究[D]. 大连：东北财经大学，2012.

[40] 邓鸿鹄. 北京市能源消费预测方法比较研究[D]. 北京：北京林业大学，2013.

[41] 韩君，梁亚民. 趋势外推与 ARMA 组合的能源需求预测模型[J]. 兰州商学院学报，2005，6：92-95.

[42] 刘勇，汪旭晖. ARIMA 模型在我国能源消费预测中的应用[J]. 经济经纬，2007，5：11-13，32.

[43] 张会新，白嘉. 基于三角灰色系统模型的煤炭消费预测[J]. 统计与决策，2011，23：38-40.

[44] 冯乐，窦鲁星，陈英东. 改进灰色 GM（1,1）模型在煤炭消费预测中的应用[J]. 山西焦煤科技，2012，7：34-37.

[45] 张登峰. 基于 RBF 神经网络煤炭消费预测[A]. 煤炭机电与自动化实用技术[C].2012：5.

[46] 王春宝. 基于特征向量提取的核回归组合预测模型及在我国煤炭消费预测中的应用研究[D]. 重庆：重庆师范大学，2012.

[47] 朱法华. 如何推动我国煤炭消费总量控制[J]. 环境保护，2012（12）：37-40

[48] 陈闻君，佘开勇. 中国省域煤炭消费空间格局演化特征[J]. 地理与地理信息科学，2014，2：56-60，2.

[49] 王新华，王晨，白丽. 煤炭消费结构趋势分析与调控机制研究[J]. 煤炭经济研究，2014（11）：53-57.

[50] 袁家海，徐燕，雷祺. 电力行业煤炭消费总量控制方案和政策研究[J]. 中国能源，2015，37（3）：11-17.

[51] Takayuki Takeshita. Global scenarios of air pollutant emissions from road transport through to 2050[J].Int. J. Environ. Res. Public Health，2011，8（7）：3032-3062.

[52] Fang Y，Ekbordin W，Tami C. Bond，et al. Global emission projections of particulate matter（PM）：II//Uncertainty analyses of on-road vehicle exhaust emissions [J]. Atmospheric Environment，2014，87：189-199.

[53] Sean D B，Nutthida K，Martin L W，et al. One way coupling of CMAQ and a road source dispersion model for fine scale air pollution predictions[J]. Atmospheric Environment，2012，59：47-58.

[54] Saud T，Mandal T K，Ranu G，et al. Emission estimates of particulate matter（PM） and trace gases（SO_2，NO and NO_2） from biomass fuels used in rural sector of Indo-Gangetic Plain，India[J]. Atmospheric Environment，2011，45：5913-5923.

[55] Margherita P，Samuele M，Daniele B，et al. Evaluation of vessel emissions in a lagoon area with ground based Multi axis DOAS measurements[J]. Atmospheric Environment，2011，45：5212-5219.

[56] Shi Y，Xia Y F，Lu B H，et al. Emission inventory and trends of NO_x for China，2000–2020[J]. Journal

of Zhejiang University-SCIENCE A（Applied Physics & Engineering）：2014 15（6）：454-464.

[57] 王丽琼.中国氮氧化物排放区域差异及减排潜力分析[J].地理与地理信息科学，2010，26（4）：95-99.

[58] 韩国刚，曲富国，戴文楠，等. 中国2015年SO_2排放总量宏观控制目标研究[J]. 电力科技与环保，2010，26（2）：1-4.

[59] 韩国刚，刘晓宇，刘殊，等. 中国2020 年SO_2排放量控制在2070万t以下的可行性分析[J]. 电力科技与环保，2011，27（4）：15-20.

[60] 环境保护部环境规划院. 区域煤炭消费总量控制技术方法与政策体系研究[Z]. 2012.

[61] 刘娜，谢绍东. 中国不同经济区域大气污染总量分配方法的选择研究[J]. 北京大学学报（自然科学版），2007，6：803-807.

[62] 刘广兵，钟秦，陈振祥，等.大气污染物总量控制方法研究[J]. 四川环境，2008，27（6）：81-85.

[63] 谷石岩. 区域二氧化硫总量分配模型及综合评价[D]. 北京：北京林业大学，2008.

[64] 刘怀平，宋正华，刘汉顺，等. NO_x总量指标混合加权分配方法的研究[J]. 中国环保产业，2011，2：23-26.

[65] 王永红，孙鹏程. 大气污染物总量控制指标分配研究[J]. 北方环境，2012，27（5）：128-131.

[66] 王淑兰，云雅如，胡君，等. 情景分析技术在制定区域大气复合污染控制方案中的应用研究[J]. 环境与可持续发展，2012（4）：14-20.

[67] 李都峰. 基于污染物总量控制的能源消费总量分配优化研究[D]. 长春：吉林大学，2015.

[68] 孙丹，马晓明. 碳配额初始分配方法研究[J]. 生态经济：学术版，2013（2）：81-85.

[69] 吴洁，范英，夏炎，等. 碳配额初始分配方式对我国省区宏观经济及行业竞争力的影响[J]. 管理评论，2015，27（12）：18-26.

[70] 令狐大智，叶飞. 基于历史排放参照的碳配额分配机制研究[J]. 中国管理科学，2015，23（6）：65-72.

[71] Gieré R，Blackford M，Smith K. TEM study of $PM_{2.5}$ emitted from coal and tire combustion in a thermal power station[J].Environ.Sci.Technol，2006，40（20）：6235-6240.

[72] Harry B，Shuddhasattwa R，Ruhul S. Coal consumption，CO_2 emission and economic growth in China：Empirical evidence and policy responses[J]. Energy Economics，2012，34（2）：518-528.

[73] David A. Riker. International coaltrade and restrictions on coal consumption[J]. Energy Economics，2012，34（4）：1244-1249.

[74] 李磊，严刚，杨金田. 我国能源发展的环境约束分析[J]. 能源环境保护，2007，21（4）：1-5.

[75] 伍丽娟，程温莹，张磊. 能源消费结构与大气环境质量的关系——以成都市某区为例[J]. 环境科学与管理，2009，34（10）：166-169.

[76] 韩明霞，李华民. 中国煤炭消费与大气污染物排放[J]. 煤炭工程，2006，3：76-78.

[77] 严刚. 环境空气质量约束下珠江三角洲能源消费模式研究[J]. 环境科学学报，2011，31（7）：1493-1500.

[78] 王淑娜，孙根年．中国 1991 年至 2007 年火力发电-燃煤消耗-SO_2 排放关系的分析[J]．资源科学，2010，7：1230-1235.

[79] 郝新东，刘菲．我国 $PM_{2.5}$ 污染与煤炭消费关系的面板数据分析[J]．生产力研究，2013，2：118-119，127.

[80] 《中国煤炭消费总量控制方案和政策研究项目》课题组．煤炭使用对中国大气污染的贡献[R].北京：自然资源保护协会，2014.

[81] Li J，Song H，Geng D. Causality relationship between coal consumption and GDP：Difference of major OECD and non-OECD countries[J]. Applied Energy，2008，85（6）：421-429.

[82] Apergis N，Payne J E. The causal dynamics between coal consumption and growth：Evidence from emerging market economies[J]. Applied Energy，2010，87（6）：1972-1977.

[83] Apergis N，Payne J E. Coal consumption and economic growth：Evidence from a panel of OECD countries [J]. Energy Policy，2010，38（3）：1353-1359.

[84] Yoo S H. Causal relationship between coal consumption and economic growth in Korea [J]. Applied Energy，2006，83（11）：1181-1189.

[85] Wolde-Rufael Y. Coal consumption and economic growth revisited[J]. Applied Energy，2010，87（1）：160-167.

[86] Govindaraju V G R C，Tang C F. The dynamic links between CO_2 emissions，economic growth and coal consumption in China and India[J]. Applied Energy，2013，104（2）：310-318.

[87] 张兴平，赵旭，顾蕊．我国煤炭消费与经济增长关系的多变量协整分析[J]．煤炭学报，2008，33（6）：713-716.

[88] 刘顺艳，孙根年．中国省际煤炭消费与 GDP 增长关系及拐点预测[J]．资源科学，2009，31（11）：1880-1886.

[89] 王鉴雪，宁云才．能源消费、煤炭消费与经济增长关系研究[J]．技术经济与管理研究，2011（12）：9-12.

[90] Höök M，Aleklett K. A review on coal-to-liquid fuels and its coal consumption [J]. International Journal of Energy Research，2010，34（10）：848-864.

[91] Apergis N，Loomis D，Payne J E. Are fluctuations in coal consumption transitory or permanent? Evidence from a panel of US states[J]. Applied Energy，2010，87（7）：2424-2426.

[92] Bloch H，Rafiq S，Salim R. Coal consumption，CO_2 emission and economic growth in China：Empirical evidence and policy responses[J]. Energy Economics，2012，34（2）：518-528.

[93] 潘伟尔．论煤炭资源整合的国有化倾向[J]．经济研究参考，2009（69）：2-8.

[94] 潘伟尔，王勇．论煤炭税费制度改革的公平性[J]．中国煤炭，2009，35（9）：10-15.

[95] 武晓明，王思薇，李永清．中国煤炭消费政策与煤炭需求关系的实证分析[J]．统计与决策，2007（16）：

89-91.

[96] 冯继伟，屠世浩. 中国煤炭政策变迁及影响因素分析[J]. 中国煤炭，2008，34（11）：16-20.

[97] 赵娜娜. 欧盟能源安全及战略选择[D]. 济南：山东大学，2009.

[98] 尚琳. 日本能源政策：演进与构成[J]. 经济经纬，2006（5）：51-53.

[99] 李琼慧，王囡，王乾坤. 日本能源政策演变的经验[J]. 电力技术经济，2009，21（1）：63-67.

[100] 刘明明，辛未，杨富强. 煤炭消费减量化和清洁利用国际经验[J]. 中国能源，2014，11：18-24.

[101] 白洋. 从三次能源立法看美国能源政策演变[J]. 经济研究导刊，2013（4）：132-134.

[102] 李世祥. 基于能源安全的煤炭清洁化利用国际动向与中国行动[J]. 中国地质大学学报（社会科学版），2011，1：53-58.

[103] 赵爱国. 日本煤炭清洁利用及对我国的启示[J]. 中国煤炭，2007，10：82-83.

[104] 欧阳辉. 能源消费总量控制方法与路径研究[D]. 上海：复旦大学，2013.

[105] 国家能源局，环境保护部，工业和信息化部. 关于促进煤炭安全绿色开发和清洁高效利用的意见（国能煤炭[2014]571 号）[Z]. 2014-12-16.

[106] 罗斐，罗婉婉. 中国能源消费结构优化的问题与对策[J]. 中国煤炭，2010，7：21-25.

[107] 燕丽，杨金田. 我国大气细颗粒物污染现状及控制对策探讨[J]. 中国人口·资源与环境，2013，S2：82-84.

[108] 环境保护部环境规划院.区域煤炭消费总量控制技术方法与政策体系研究[R].环境保护部环境规划院研究报告，2014.

[109] 中国煤炭消费总量控制方案和政策研究项目课题组. 煤炭使用对中国大气污染的贡献[R]. 2014.

[110] 陆彬. 低碳目标约束下我国能源消费结构优化研究[D]. 北京：中国矿业大学，2014.

[111] 张琳. 基于外包理论的企业节能运营模式研究[D]. 天津：天津财经大学，2012.

[112] 张磊，陆小倩，王静. 中国输煤输电格局的优化研究[J]. 中国地质大学学报（社会科学版），2014，6：13-22，152.

[113] 王圣，王慧敏，朱法华. 协同考虑电力耗煤与排放促进中国能源结构调整——从中美电力耗煤及二氧化硫排放看中国煤炭消费结构[J]. 环境保护，2013，24：67-69.

[114] 金智新，于红，李金克，等. 我国亟待实施优质煤炭资源储备战略[J]. 中国煤炭，2005，12：29-30.

[115] 中国煤炭消费总量控制方案和政策研究项目课题组. 中国能源转型和煤炭消费总量控制下的金融政策研究. 2015.

[116] 吴晓华，宋二波，贾尚伟. 基于 SWOT 分析的我国洁净煤技术发展研究[J]. 洁净煤技术，2015，1：24-28.

[117] 薛薇. 基于 SPSS 的数据分析[M]. 北京：中国人民大学出版社，2014.

[118] 温忠麟，侯杰泰. 隐变量交互效应分析方法的比较与评价[J]. 数理统计与管理，2004，23（3）：37-42.

[119] 李丽霞，郜艳晖，张敏，等. 关于混杂效应、交互效应的探讨[J]. 数理医药学杂志，2011，24（5）：

510-513.

[120] 高潇博，孔群喜，余凡. 规模效应、结构效应和技术效应与碳排放关联性考察[J]. 山东财经大学学报，2015，27（2）：35-41.

[121] 贾惠婷. 规模、结构和技术效应影响碳排放的程度及交互关系——基于1997—2009年省际面板数据的实证分析[J]. 科技管理研究，2013，33（14）：34-39.

[122] 陈正. 中国煤炭需求的影响因素分析及峰值预测[J]. 商业经济与管理，2011（11）：69-77.

[123] 田文. BP预测中国煤炭消费峰值将在2030年到来[J]. 煤炭加工与综合利用，2016（5）.

[124] 向堃，宋德勇. 中国省域 $PM_{2.5}$ 污染的空间实证研究[J]. 中国人口·资源与环境，2015，25（9）：153-159.

[125] 欧阳辉. 能源消费总量控制方法与路径研究[D]. 上海：复旦大学，2013.

[126] 张玉卓. 中国未来20年还离不开煤，煤炭完全可以清洁利用[J]. 中国经济周刊，2015，47：74-75.

[127] 戴丽. 煤控战略实施是长期性的[J]. 节能与环保，2017（1）.

[128] 周洁. 推进山西绿色矿山建设的政策分析[J]. 品牌月刊，2013（Z4）.

[129] 卢亚灵，蒋洪强，黄季夏，等. 基于GWR的中国地级城市 SO_2 年均质量浓度模拟[J]. 生态环境学报，2014（8）：1305-1310.